AF308623

Début d'une série de documents
en couleur

8° Z ⁱⁱˢ
16257
(6)

Action Populaire

SÉRIE SOCIALE

Louis **BARDE**

LE MOUVEMENT SOCIAL DANS NOS CAMPAGNES

Vers

le Socialisme Agraire

PRIX DE LA BROCHURE

Suivant son nombre de pages au moment de l'achat :

32 pages : **0 fr. 75**; — 48 pages : **1 fr.**; — 64 pages : **1 fr. 50** franco

ACTION POPULAIRE	MAISON BLEUE
provisoirement	(A. Noël)
51, rue Saint-Didier	Rue des Petits-Pères
PARIS (16ᵉ)	PARIS (2ᵉ)

TOUS DROITS RÉSERVÉS

N. B. — Les *Plans* marqués d'une * sont ceux qui, ayant paru peu de temps avant la guerre, appartiennent aux anciennes séries dont ils portent les numéros : v. g. N° 15). Il leur en est toutefois attribué un nouveau, afin d'éviter toute confusion dans les commandes.

Les plans dont le titre est en *italique* sont des plans de 4 pages.

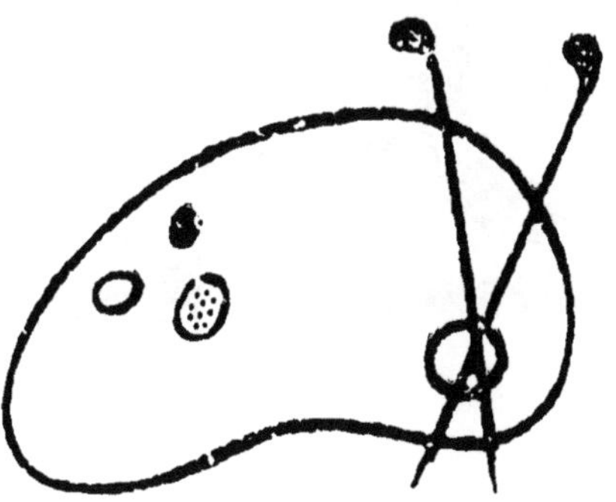

Fin d'une série de documents
en couleur

Vers
le Socialisme Agraire

ÉTUDES. — *Revue bimensuelle*. les Études font la première place aux sujets que leur importance maintient à l'ordre du jour et auxquels l'intérêt des hommes intelligents assure, en notre temps, un surcroît d'actualité.

Les abonnements partent du 5 janvier, du 5 novembre, du 5 juillet ou du 5 octobre.

Un an : France..... 30 fr.	Union postale .... 35 fr.
Six mois : France..... 16 fr.	Union postale..... 18 fr.

Adresses, valeurs et correspondance : à l'Administrateur des *Études*, 5, place Saint-François-Xavier, Paris (VIIe).

VERS LE SOCIALISME AGRAIRE [1]

[Library stamp: BIBLIOTHÈQUE NATIONALE]

Jusqu'à ce jour, notre Parti socialiste français n'avait guère dans ses usages de s'adresser franchement, méthodiquement aux paysans. *Le Socialisme aux champs* [2], titre presque idyllique pour brochure de propagande, restait une image très imparfaite de la réalité. Quant au Syndicalisme cégétiste, né et grandi sous le ciel enfumé des cités industrielles, il avait jusqu'à ces derniers mois réservé le meilleur et le plus fructueux de ses efforts à l'éducation et à l'organisation des ouvriers d'usine. Et s'il a ouvert depuis lors très largement ses rangs aux adhérents innombrables venus de toutes les professions et de tous les coins du pays, néanmoins le gros des troupes, les cadres, l'état-major sont restés à peu près exclusivement composés de citadins.

I. — NÉCESSITÉ D'UNE TACTIQUE NOUVELLE

Or, voici que Parti socialiste et Syndicalisme révolutionnaire prétendent bien ne plus restreindre ainsi le champ de leur activité. Le premier, mal satisfait du chiffre, qui pourtant grossit chaque jour, de ses cotisants, sans illusion d'ailleurs sur la qualité socialiste des voix données à ses candidats, a publié

---

(1) Extrait, complété, de la revue *Études* (20 nov. 1919 — 5 janv. 1920). Ce travail sera tenu à jour par l'adjonction de nouvelles feuilles.

(2) *Le Socialisme aux champs*, brochure de propagande par Compère-Morel.

8° Z 16257 Bis (6)

dans le courant de l'été dernier un appel *Aux Travailleurs de la Terre* avec un programme complet de rénovation agricole ; le second, comptant pour rien, dirait-on, ses deux millions et plus de syndiqués, a lancé à son tour son appel *Au Prolétariat paysan.*

Que signifient ces soucis d'extension? Est-ce simplement ambition que le succès grise? N'est-ce pas plutôt exigence des intérêts de parti menacés ? Il semble que oui.

« Si le monde paysan s'oppose à la réalisation du socialisme et se refuse à *laisser passer* la révolution, c'est non seulement la faillite de nos espérances, mais c'est encore la répression la plus violente et la plus brutale que l'on puisse voir (1). »

« Le socialisme ne s'emparera jamais, ou tout au moins ne conservera jamais le pouvoir *sans* ou *contre* les paysans (2).

« La transformation sociale que nous poursuivons ne peut se faire sans l'assentiment des campagnes » (3).

« Nous avons aussi à conquérir la masse des soldats et la masse paysanne. C'est une question de vie ou de mort que la masse paysanne soit avec nous (4).

« On ne le répétera jamais trop : sans les ruraux, nous ne ferons jamais rien... Au lendemain d'une révolution éclatant dans les agglomérations industrielles et ouvrières, il est de toute nécessité de nous assurer, non pas seulement la neutralité bienveillante, mais le concours d'une bonne partie des travailleurs ruraux (5) ».

Et voilà pourquoi, sans aucun doute, socialistes et syndicalistes se sont découvert brusquement une belle ardeur de sym-

---

(1) *France libre*, 28 avril 1919, article de Compère-Morel.

(2) *France libre*, 22 mai, du même.

(3) *Humanité*, 9 janvier 1920, article de P. Mistral. Pareillement, *Bataille*, 20 janvier 1920.

(4) Congrès syndicaliste (C. G. T.) de Lyon, septembre 1919. Discours de Marty-Rollan, secrétaire de l'Union départementale de la Haute-Garonne. *Humanité*, 18 septembre 1919, p. 3. A noter encore : « On assure que Rosa Luxembourg, quelques jours avant sa fin tragique (15 janvier 1919) déplorait l'existence en France de la petite propriété. Elle voyait là l'obstacle insurmontable à l'introduction du bolchevisme. » *La Réforme sociale*, 1-16 septembre 1919, p. 167.

(5) *Vie ouvrière* (organe des syndicalistes extrémistes), 15 août 1919. On pourrait multiplier les citations. Notons seulement que ce besoin de propagande paysanne fut vite et nettement perçu par la Social-Démocratie russe. Surtout après l'échec de la révolution de 1905, elle fit une large place dans son programme à la question agraire En 1906, au congrès de Stockholm elle réclamait la confiscation des terres des propriétaires à l'exception de celles des petits.

pathie pour le paysan jadis oublié. sinon dédaigné. Le souve-
nir d'ailleurs est encore frais de la déconvenue du 21 juillet
dernier, du sursaut de bon sens qui dressa contre la révolution
menaçante notre pays qu'on déclarait si haut « en état révolutionnaire » ; l'exemple n'a pas été perdu des ruraux hongrois
s'insurgeant contre Bela Kun ou des « Versaillais munichois »
abattant le gouvernement de Kurt Eisner ; on n'ignore point
quelle exaspération anime actuellement les campagnes alle-
mandes contre la population des villes trop révolutionnaire à
leur gré. Il s'agit de briser ce « frein », de supprimer cet
« obstacle », le paysan. ou mieux, c'est double profit, de rallier
à soi, en les pipant de promesses, les bataillons des ruraux
afin de mener ensemble contre l'État capitaliste la bonne
bataille « pour le paysan (1) », entendez : qui doit conquérir
et duper le paysan.

A. **Difficultés générales de la propagande.** — A cela, bien des difficultés. La classe paysanne restera inerte si l'impulsion ne lui est donnée. si le mouvement n'est entretenu, au moins les premiers temps, par l'ouvrier de
ville déjà éduqué. Or, chez celui-ci, à moins qu'il ne soit assez
fraîchement déraciné de la campagne, c'est trop souvent soit
l'inintelligence de la mentalité paysanne, l'ignorance du langage à tenir, la méfiance comme envers un ennemi pressenti,
soit surtout une espèce de pitié dédaigneuse, un peu semblable
en vérité à celle qu'avant la guerre le Français « dégénéré »
regardait avec une résignation polie tomber des lèvres hau-
taines de l'Allemand porteur de kultur (2). Ajoutez la tendance
à l'intransigeance doctrinale s'exprimant en formules abso-

(1) Ou. pour employer un mot connu d'un des chefs du Socialisme
allemand, Engels, la « Bauernfaengerei » : tendre le piège à paysans.

(2) « Quel est leur état d'esprit (des ruraux). leur idéal ? Je ne voudrais
point ici diffamer les ruraux qui ont droit à tout notre respect. Mais enfin
on peut leur dire que si la France est ce qu'elle est, ce n'est point eux
qui l'ont faite ainsi ! On peut leur dire que ce n'est pas à eux, à leur
pensée, à leur génie, à leur idéal que la France doit son rayonnement
dans le monde ! On peut leur dire que, dans l'armée du progrès, ils sont
le sabot qui freine et non le phare qui marque la route ! Depuis toujours,
il a fallu que les pionniers de toute réforme sociale les traînent à leur
remorque. » *La Bataille* 10 juillet 1919.

lues, souvent violentes, échos de réunions publiques, réminis-
cences d'articles, bien plus propres à effrayer qu'à attirer (1).

Mais en somme ce n'est qu'un jeu de remédier quand on le
voudra à ces premières difficultés. Les plus sérieuses et même,
au sentiment de beaucoup, y compris des socialistes, les insur-
montables, on va les rencontrer dans le monde paysan (2). Il
ne s'agit pas de grosses difficultés matérielles. L'isolement du
paysan, sa dispersion dans les campagnes, est une gène, pas
plus. A notre époque, le journal, même quotidien, la brochure
pénètrent partout. Bien plus facilement qu'autrefois, le paysan,
même quand il ne va plus à la messe du dimanche, se rend au
village pour boire, causer, et à l'occasion peut assister à des
réunions. Les moyens de l'atteindre ne manqueraient donc pas
à un propagandiste résolu qu'assisteraient quelques auxiliaires
locaux. Mais quoi que puissent faire ces propagandistes, il
restera qu'à cette heure et pour un temps du moins, la doctrine
socialiste est marquée d'une tare aux yeux de la plupart de
nos paysans : elle est la doctrine révolutionnaire des ouvriers
de la ville.

On s'est élevé à plusieurs reprises à la Chambre, l'an dernier, contre certains discours qu'on accusait de pousser à la
scission du pays en deux classes : villes et campagnes ; et c'est
raison si l'accusation est fondée (3). Il n'en est pas moins vrai
que bien des paysans ont conscience d'avoir été en un sens les
dupes de la guerre au bénéfice de l'ouvrier des villes ; ils

(1 C'est pourquoi Compère-Morel, le praticien par excellence de la
propagande socialiste rurale, recommande si fort « le doigté, la prudence,
la souplesse, le tact... » avec les ruraux, qu'il ne faut pas « heurter de
front par des harangues au vitriol, ou effrayer inutilement par des affir-
mations terroristes... » *France libre*, 28 avril 1919. Du même : « Avec les
paysans, des faits, des chiffres, des exemples. Du tact, de la patience, de
la ténacité. Pas de déclamations démagogiques et de harangues au vitriol.
Ne pas froisser les antiques coutumes, les croyances naïves. Ne pas
ajouter la brutalité de l'idée qui effraye par sa nouveauté. » *La Question
agraire et le Socialisme en France*, page 146. Voir également *Encyclopédie socialiste. Le Parti socialiste en France*, p. 246 sqq.

(2) Ainsi Kautsky : « Les paysans qui sentent qu'ils sont de vrais paysans et non des prolétaires, non seulement nous ne pouvons les gagner
à notre cause, mais ils appartiennent aux groupes de nos plus dangereux
adversaires. » *Le Programme d'Erfurt*. Pareillement, Engels, cf. Simkhovitch, *Marxisme contre Socialisme*, p. 85 et 88.

(3) Voir par exemple *Journal officiel*, 11 juillet 1919, p. 3 400.

n'ignorent pas le chiffre formidable de leurs pertes à eux (1),
ni les hauts salaires de ceux qu'ils appelleraient volontiers et
sans les justes distinctions nécessaires, les « embusqués » de
l'usine ; et il faut avoir entendu le ton et les termes avec lesquels ils parlent de la loi de huit heures par exemple, ou du
régime des taxations pour se rendre un compte exact de l'ac-
cueil qu'ils ménageront aux suggestions socialistes venues de
la ville pour peu que pointe un bout de carmagnole révolutionnaire. Besoin sera de faire tomber d'abord cette muraille de
défiance, de parti pris, de préjugés disent les uns, de bon sens
averti, d'intérêts sainement entendus, disons-nous par contre,
avant de passer plus loin.

Il est possible qu'avec le temps on y réussisse partiellement
tout au moins. Car, évidemment, il y a paysans et paysans.
Une division d'ordre économique, sur laquelle il y aura lieu
de revenir plus bas, les partage en cinq catégories : grands
propriétaires ; moyens propriétaires ; petits propriétaires ;
fermiers, métayers, ouvriers mi-propriétaires, mi-salariés ;
enfin salariés proprement dits. La catégorie des salariés,
domestiques, ouvriers de ferme, risque fort de prêter une
oreille complaisante aux thèses socialistes agraires, même les
plus hardies ; celle des ouvriers mi-propriétaires, mi-salariés,
des petits fermiers et métayers, sera certainement tentée de
l'imiter. Mais sans parler des grands propriétaires, restent et
resteront inébranlés les gros bataillons des petits et moyens
« fanatiques remueurs de terre », d'une terre qui est leur, les
« ruraux aux gros souliers ferrés » dont le pas lourd imprime
comme la marque du maître sur le sol hérité du père ou payé

1) Le chiffre total des pertes s'élèverait d'après le rapport officiel français à 1.355.000 hommes, 16,2 p. 100 de l'effectif total mobilisé, chiffre
minimum ; soit 1 homme sur 28 habitants (*Journal Officiel*, 19 déc. 1919.
Doc. parlem. Chambre. Ann. n° 6235). Les pertes des paysans ont été
estimées à environ 55 p. 100, celles des commerçants, employés, membres des professions libérales à 27 p. 100, celles des ouvriers à 18 p. 100.
D'après M. Dalbiez, député radical-socialiste, les paysans représentaient
80 p. 100 des mobilisés dans les unités combattantes. (*Journal officiel*,
Chambre, Propos. 5353, p. 1949). *Le Populaire*, journal socialiste révolutionnaire, parle « d'effroyables pertes » paysannes (17 septembre 1918).
M. Ad. Hodée, secrétaire de la Fédération horticole de la C. G. T., avoue,
en exagérant d'ailleurs, dans *la Bataille* (15 juin 1919) : « Un million deux
cent cinquante mille paysans ont payé leur tribut à la guerre. C'est la
terre qui a fourni le plus de victimes. »

de leur travail. Et tous ceux-là, au seul énoncé d'une doctrine qui leur propose, en somme, toutes phrases dépouillées, l'expropriation, quelque chose comme le « Hara-kiri » du propriétaire, tous se dresseront d'instinct ; devant les plus belles promesses comme devant les pires excitations, ils branleront la tête ; malignement, s'ils la connaissent, ils résumeront d'une phrase qu'on prête à Louis-Philippe, tous les propos socialistes : « Paysan, c'est ton bien que je veux ! » et ils s'écarteront songeurs.

Or, ces petits et moyens paysans sont le grand nombre, en France du moins ; masse entamée certes par la guerre, mais bien vivante encore et qui, malgré tout, a promesse de longue vitalité, quoi qu'ait pu jadis prophétiser Marx et quoi que puissent répéter de confiance après lui la plupart des docteurs du socialisme.

B. Distribution de la masse paysanne en France et premières conclusions. — Les statistiques officielles de 1906 divisaient, d'après un étalon assez conventionnel (1), la population globale de la France en deux catégories : urbaine et rurale ; la première comprenant 16.537.234 habitants ; la seconde, 22.715.011, soit 42,1 p. 100 de population urbaine, et 57,9 p. 100 de population rurale. Les grandes villes de plus de 30.000 âmes renfermaient 22,8 p. 100 de la population totale. D'après le recensement de 1911, la population rurale avait perdu, dans les cinq années précédentes, 600.000 habitants, la population urbaine en avait gagné 900.000, atteignant ainsi 45 p. 100 de la population totale. Il est certain que les très grosses pertes de la guerre, à elles seules, vont sensiblement modifier encore ces proportions au bénéfice des villes ; néanmoins, la population paysanne continuera de former une large moitié du pays.

Dans cette population rurale, quel est le nombre, l'importance, la distribution des propriétaires, des salariés ; quel est le nombre, l'étendue, le pourcentage des exploitations diverses ?

(1) Est considérée comme rurale toute commune dont le chef-lieu compte moins de deux mille habitants agglomérés.

Des statistiques complètes existent, assez vieilles malheureusement et qu'il serait fastidieux de reproduire ici (1). Nous nous contenterons de relever les conclusions générales.

Sur un chiffre total d'environ 8 millions et demi de Français occupés dans l'agriculture, on compte de 4 à 5 millions de propriétaires ruraux ; dans ce nombre, les petits ou très petits propriétaires, possesseurs de 0 à 10 hectares, représenteraient 84 p. 100 du nombre des propriétaires, cultiveraient 12.788.000 hectares, soit 29 p. 100 de la surface totale exploitée ; les moyens propriétaires (de 10 à 40 hect.) cultiveraient par eux-mêmes ou par salariés 14.825.000 hectares, soit 34 p. 100 de la surface totale, et enfin les grands et très grands propriétaires (à partir de 40 hect.), formant 2,7 p. 100 seulement du nombre des propriétaires, exploiteraient par régisseurs, fermiers, métayers, 16.270.000 hectares, soit 37 p. 100 de la surface totale.

Toujours d'après M. Gide (2), qui n'indique pas dans le détail par quelle méthode il a obtenu les données suivantes, le nombre des paysans, au sens de producteurs autonomes, cultivant exclusivement leurs terres, aurait passé de 1.812.000 en

(1) Ces statistiques ont fourni et fournissent encore matière à longues discussions. Voir pour plus de détails et pour connaître les deux thèses opposées : Augé-Laribé : *L'Evolution de la France agricole*, 1912, p. 99 *sqq.*; Caziot : *Une solution du problème agricole*. (Paris, Payot, 1919) et Compère-Morel : *La Question agraire et le Socialisme en France*, 1912, p. 14 *sqq.*; 54 *sqq.* La justesse des chiffres fournis est mise en doute par tous. (Cf. Compère-Morel, au moins dans son *Rapport au sixième Congrès national*, p. 178, et Augé-Laribé, *op.cit.*, p. 101, 106 *sqq.*) On ne leur accorde qu'une valeur de grosse approximation. « ... Si extraordinaire que cela paraisse, nous ne sommes pas renseignés d'une manière précise sur la division de la propriété dans notre pays. Nous ne connaissons pas et nous n'avons jamais connu le nombre exact des propriétaires ruraux ni l'importance des propriétés possédées par chacun d'eux... » — « A ce point de vue [de la division des exploitations agricoles en quatre catégories d'après leur étendue], nous ne possédons pas de renseignements plus récents que ceux qui figurent dans la statistique agricole de 1892... On peut admettre que la situation ne s'est pas, depuis, profondément modifiée. » Caziot, *op. cit.*, p. 35 et 39. Quant à l'interprétation des statistiques, M. Gide (*Cours d'économie politique*, 5ᵉ édition, 1919, t. II, p. 251), remarque avec grande raison « qu'elles font l'objet de discussions passionnées parce que la grande théorie fondamentale du collectivisme, à savoir la loi de concentration, s'y trouve engagée. » Nous verrons l'à-propos de cette remarque un peu plus bas.

(2) Gide, *op. cit.*, p. 251.

1862 à 2.199.000 en 1892, soit une augmentation de 21 p. 100, tandis que le nombre des propriétaires cultivant leurs terres, mais aussi celles d'autrui comme journaliers ou fermiers, aurait diminué de 30 p. 100 dans le même laps de temps ; pareillement, le nombre des propriétaires exploitant exclusivement par régisseurs ou fermiers. Le type normal du paysan-propriétaire se serait donc fortement multiplié (1).

M. Caziot essaye d'être plus précis : selon lui, la petite propriété paysanne de 1 à 10 hectares occuperait 21 p. 100 du territoire ; la moyenne propriété paysanne, 27 p. 100 ; la moyenne propriété non paysanne (c'est-à-dire propriétés rurales non agricoles, comme parcs d'agrément), 16 p. 100 la grande propriété, 36 p. 100. Il fait remarquer également, et ceci est à retenir, que « dans la grande propriété, sont compris presque tous les bois, et de vastes étendues de pâtures ou de landes, de sorte que son importance réelle est moins grande que son importance apparente (2). »

Les résultats du recensement de 1911 confirment ces vues (3).

(1) D'après une autre enquête sur les propriétés non bâties (*Économiste français*, 9 novembre et 13 décembre 1913), il y aurait 7.520.622 propriétaires ruraux (chiffre manifestement exagéré). Chaque propriétaire posséderait en moyenne 6 hect. 66 (moyenne théorique donnant une idée inexacte de la superficie réelle de très nombreuses propriétés puisqu'il y a 2.087.851 propriétaires de moins de 1 hectare sur un total d'environ cinq millions et demi d'exploitations). Il y aurait 195 propriétaires par 1.000 habitants, 656 propriétaires par 1.000 feux ou ménages. Dans la Seine, 22 propriétaires par 1.000 habitants, 351 en Savoie, 377 dans le Lot etc. Dans la Seine, pour 1.000 feux ou ménages distincts, 58 propriétaires, 1282 dans le Lot, 1377 dans l'Ariège, etc. La superficie moyenne des propriétés rurales était estimée vers 1910, en Belgique, à 7 hect. 20 ; en Italie, à 11 ; en Allemagne, à 14,80 ; en Autriche, à 16,40 ; aux États-Unis, à 60 ; en Angleterre, à 166 hectares.

(2) Caziot. *Op. cit.*, 38. Cette remarque, entre parenthèses, ruine un argument de Compère-Morel (*la Question agraire et le Socialisme en France*, p. 24 *sqq*), fondé sur ce fait que la dette hypothécaire rurale pèserait et croîtrait de préférence sur les départements à petites cotes foncières, à petites propriétés, et inversement. Il est évident que dans bon nombre de départements à grosses cotes, à grandes propriétés, comme Landes, Hautes-Pyrénées, Basses-Alpes et Hautes-Alpes, Corse, etc., forêts ou terres incultes dominent et comportent moins de frais culturaux, source ordinaire de dettes.

(3) Cf. Caziot, *op. cit.*, p. 43. Sur un chiffre total de 5.279.475 personnes pour la population agricole active *masculine*, il y aurait eu, en 1911, 2.872.935 patrons ou chefs d'exploitation, et 2.406.540 ouvriers, soit rien

M. Augé-Laribé est moins affirmatif. Cependant, il constate lui aussi, en 1912, une augmentation en nombre et en superficie des petites exploitations. Les petites exploitations tendent à se rapprocher des moyennes, parfois aux dépens des grandes propriétés, le plus souvent aux dépens des très petites. « L'impression générale est que, la grande propriété fléchit, que la moyenne se maintient, et que la petite s'accroît surtout en superficie, mais que les mouvements qui se dessinent ne sont ni uniformes, ni très puissants (1). »

C. **La leçon des faits récents.** Toutes ces statistiques datent d'avant-guerre. Les conclusions en seraient-elles périmées à l'heure présente? Rien n'autorise à le supposer, bien au contraire. Car les causes diverses dont l'action, selon les socialistes, grignoterait continûment l'amas des petites propriétés, pour les jeter débris par débris aux gros capitalistes terriens : endettement progressif, outillage insuffisant, ignorance technique, incapacité à concurrencer la grande culture industrialisée, ces causes-là n'agissent plus avec la même vigueur ou sont, pour le moment du moins, victorieusement contrebattues par d'autres influences. Il suffit d'écouter les réflexions aigres-douces que l'habitant des villes, petites et grandes, est enclin à lancer, à tort ou à raison, par-dessus la tête des « mercantis », sur le paysan « profiteur » de la guerre (2), pour se douter déjà que la petite propriété paysanne n'est pas précisément agonisante. En fait, depuis la guerre, l'argent circule abondamment dans les campagnes, apporté d'abord par les allocations militaires, puis et surtout

que pour les hommes 54 p. 100 de patrons contre 46 p. 100 de salariés, situation spéciale à l'agriculture et de haute importance au point de vue où nous nous sommes mis dans cet article.

(1) Cf. Augé Laribé, *op. cit.*, p. 111, 113. Les mêmes constatations ont été faites pour l'Allemagne en 1913, cf. *Sozialistische Monatshefte*, 30 janvier 1913, cités par l'*Année sociale internationale* 1913-1914, p. 1074 (*Action Populaire* de Reims); — en Belgique également, cf. Gatti, *le Socialisme et l'Agriculture*, p. 261; — au Canada, aux États-Unis, en Italie, etc.

(2) État d'esprit dont on peut retrouver l'écho à la Chambre dans des bouches socialistes. Voir par exemple *Journal Officiel*, 8 février 1919, p. 490 *sqq.*

par la vente des produits agricoles (1). Ces produits en effet, raréfiés déjà du fait des soldats morts qui manquent aux champs, réclamés par une clientèle plus exigeante de consommateurs plus nombreux, se vendent très cher, à des prix qui au début ont étonné, presque scandalisé les ruraux eux-mêmes. Tout est bénéfice pour qui peut travailler de ses mains. Le petit paysan, toujours économe. quoique moins qu'autrefois. capitalise en terres ; il n'aime guère les billets. Il arrondit donc son domaine. en concurrence parfois avec le nouveau riche qui cherche une solide valeur de placement. Il continue. à peu près dans toutes nos provinces, par la restriction volontaire du nombre de ses enfants. à lutter efficacement contre les dispositions du Code civil, ce « hachoir de la propriété ». Il éteint

(1) Une preuve entre autres en est fournie par un récent rapport officiel du ministère du Travail sur la situation des caisses d'épargne *ordinaires* en France. Alors qu'en 1916. il y avait eu 195.992.732 francs de versements. et par contre 532.626.925 francs de remboursements ; — en 1917, 489.153.396 francs de versements et 370.310.110 francs de remboursements ; — en 1918, 715.671.621 francs de versements et 447.656.516 de remboursements, nous lisons pour les neufs premiers mois de 1919. du 1er janvier au 1er octobre. 800.914.492 francs de versements contre 50.663.461 francs de remboursements, soit 750.251.431 francs d'excédent de dépôts. Cet excédent s'élevait un mois après. au 1er novembre, à 1 milliard 157 millions. d'après M. Klotz (discours du 6 nov.), qui semble cependant parler de la totalité des caisses d'épargne françaises ordinaires et Caisse nationale. Le nombre des livrets n'a pas augmenté proportionnellement : de 7.786.923 au 31 décembre 1917. il n'était. au 31 décembre 1918. que de 7.825.826. tandis qu'en 1915 on en comptait 7.922.365. C'est que la loi du 29 juillet 1916 et celle du 18 octobre 1919 ont porté successivement le maximum de dépôt pour chaque propriétaire de livret à 3.000 francs. puis à 5.000 francs.

Il est difficile d'établir la part qui revient aux versements paysans dans ces sommes déposées. Une statistique belge concernant des dépôts d'épargne d'origine purement rurale nous permet par analogie de nous en rendre compte. *La Ligue des paysans belges* ou *Boerenbond*, qui groupe environ 55.000 paysans, a vu ses dépôts d'épargne passer de 16.521.529 en 1914. à 77.362.300 au 31 décembre 1917, pour aboutir à la fin de 1918 au chiffre de 212.464.880 francs. Les gains fort élevés des paysans belges pendant la guerre et après l'armistice. provenant du très haut prix des denrées agricoles, expliquent en bonne partie cet accroissement. D'autres causes pourtant ont agi — comme en France : le manque d'engrais chimiques, de tourteaux et grains pour le bétail, la diminution sensible du cheptel vivant. Le capital d'exploitation. réduit par là même, a laissé entre les mains des cultivateurs beaucoup d'argent liquide. — Aux chiffres des caisses d'épargne françaises, il conviendrait d'ajouter la somme certainement considérable investie par nos paysans français dans les bons de la Défense nationale, sans parler de leurs souscriptions aux emprunts d'Etat.

ses dettes ; les radiations d'hypothèques se multiplient dans les bureaux des conservateurs (1).

En même temps les salaires haussent : les ouvriers et domestiques réclament et obtiennent une paye d'autant plus forte qu'ils sont moins nombreux. Les fermiers, surtout dans les pays d'élevage, ont touché de gros profits dont le propriétaire du sol n'a eu qu'une assez faible part. Les métayers, partout assez rares et exigeants à proportion, ont bénéficié plus que le maître de la hausse rapide des cheptels, tout en vivant à peu de frais sur les produits de la propriété. Fermiers, métayers, ouvriers achètent la terre pour s'établir à leur compte (2).

En somme, nos campagnes françaises, — sauf malheureusement les campagnes bouleversées par la guerre ou saccagées par l'ennemi, — sont présentement en pleine prospérité. Prospérité des survivants débarrassés, hélas, de la concurrence des morts, stimulés par le haut rendement de leur travail, aidés par la machine agricole que l'on fait de plus en plus travailler et avec qui l'on compense tant bien que mal jusqu'à présent, l'absence des enfants criminellement refusés à la vie, des soldats tombés au front et des déserteurs de la terre. Prospérité donc mal assise et sans doute transitoire, réelle pourtant, et dont la plus large part revient, semble-t-il, au petit exploitant et aussi, quoique à un degré moindre, à l'ouvrier et au domestique de culture. Bien mauvaises conditions pour développer chez tous ceux-là le virus révolutionnaire ! Or, ils forment la grosse majorité du monde rural ; c'est de leur entrée en ligne que dépend le succès du socialisme et du syndicalisme agraires ; comme on l'avoue crûment, avec eux et par eux la victoire, et sans eux rien. Et donc le problème pratique du socialisme et du syndicalisme agraires revient tou-

---

(1) On estimait la dette totale pesant sur la propriété rurale, en 1912, à environ 20 milliards, dont 15 milliards de dette hypothécaire et 5 de dette chirographaire.

(2) Le total des droits perçus par le Trésor (7 °/.) sur le montant des ventes d'immeubles s'élevait, en 1913, à 183.208.500 francs. Il s'est élevé, en 1918, à 204.813.000 francs et à 538.296.500 francs pour 1919. En janvier 1920, 70.876.000 perçus contre 19.104.000 en janvier 1919. Accroisment énorme dû en partie à la plus-value des propriétés, mais surtout à la multiplication des ventes et même, comme il a été constaté, des petites ventes.

jours et se pose en termes bien nets : comment gagner à une doctrine de tendance et d'aspect révolutionnaires tout ce petit monde rural, dont l'instinct farouchement « propriétiste », dont le conservatisme un peu étroit s'aiguise encore dans la prospérité présente (1) ?

D. **Fausseté de la loi marxiste de la concentration capitaliste terrienne.** Le problème n'existerait plus ou du moins la solution en serait tout indiquée, si la loi foncière du socialisme marxiste, la loi qu'il prétend historique, de la concentration capitaliste avec son corollaire « de la prolétarisation », était l'expression de faits réels. Comme on le sait, cette loi affirme la transformation graduelle de toute production individuelle en production collective, d'où concentration toujours plus grande des instruments de production entre les mains de capitalistes plus forts et moins nombreux à mesure ; d'où encore misère toujours croissante d'un nombre toujours accru de producteurs, rejetés fatalement par là même dans le prolétariat, jusqu'au jour où ces expropriés exproprieront à leur tour, au profit de la société, la poignée des capitalistes restants.

A supposer la vérité de cette loi, tant dans l'industrie que dans l'agriculture, l'application serait facile alors du programme socialiste agraire tel qu'il fut exposé au Sixième Congrès national (Saint-Étienne, 1909 (2). Au jour du grand coup de force révolutionnaire ou même de la simple conquête légale du pouvoir par le prolétariat, les grands propriétaires seraient immédiatement expropriés, leurs biens « socialisés et remis entre les mains des syndicats ouvriers à fin d'exploitation sous le contrôle de la nation tout entière ». Même sort pour les gros fermiers capitalistes. Les moyens propriétaires..., mais il n'y en aurait plus à ce moment, la loi inéluctable de la con-

____

(1) Comparez cet aveu d'un syndicaliste notoire de la Fédération horticole cégétiste. « ... Né et élevé dans un pays de petite propriété, je sais que les sentiments propriétistes et anticommunistes sont aussi âpres et farouches que chez les seigneurs agrariens qui président aux destinées de la Société des agriculteurs de France. » *Revue du Travail*, 1ᵉʳ nov. 1919.

(2) Cf. dans ce Congrès le rapport de Compère-Morel, p. 188.

centration capitaliste les ayant par avance impitoyablement supprimés. Resterait seulement le troupeau lamentable des prolétaires terriens : domestiques, ouvriers de culture, journaliers, petits fermiers, métayers, « les rançonnés par excellence », effectif tout désigné pour l'exploitation scientifique et collective des grands domaines socialisés ; enfin, les petits propriétaires, possesseurs d'un ou deux hectares, « guère plus que prolétaires », à qui on laisserait la propriété et l'exploitation privée de leurs parcelles, en attendant le moment proche où, conquis par les beautés et les profits de l'exploitation collective, ils viendraient apporter d'eux-mêmes l'appoint de leur travail et de leurs biens aux domaines nationaux, communaux ou coopératifs, etc.

Mais d'ici là beaux rêves que tous ces projets ! La loi de concentration capitaliste, un des points fondamentaux du dogme marxiste, acceptée presque aveuglément au début, a été depuis tellement malmenée par les faits que presque partout, même chez les socialistes, on l'abandonne ou on en restreint la portée. Encore moins acceptable est-elle, et moins acceptée, dès qu'on veut l'appliquer de force à la production agricole (1). Les faits et les chiffres apportés plus haut suffiraient déjà à en démontrer le mal-fondé. Et il paraîtrait plus qu'étrange de la retrouver encore à présent sur les lèvres ou dans les écrits de quelques dirigeants socialistes (2), si l'on ne savait quel avan-

(1) Cf. Simkhovitch, *Marxisme contre Socialisme*, 1919, reproduit (p. 177), une critique américaine assez spirituelle de ces théoriciens socialistes qui, malgré les faits, s'acharnent à maintenir inviolable le Credo du Parti. Il s'agit précisément de la loi de concentration et de paupérisation croissante : « Jonas était prophète de profession. Il fut prié de venir prêcher à Ninive et accepta, non sans quelque hésitation. Il tonna contre la corruption des mœurs et déclara que dans quarante ans la ville serait détruite. Ayant accompli son devoir professionnel, Jonas comprit qu'il n'avait qu'à attendre avec résignation l'accomplissement de sa prophétie. Mais de l'inattendu survint : la cité se repentit et fut sauvée. Ce fut le tourment de Jonas. A quoi servait-il d'être prophète si les chose se mettaient à tourner autrement qu'on ne les prophétisait ? Cependant il s'accrocha à cet espoir que finalement les choses tourneraient assez mal pour justifier les déclarations qu'il avait faites publiquement... »

(2) Par ex. Compère-Morel dans son livre : *la Question agraire et le Socialisme en France*, 1912. Il oppose statistique à statistique, subtilise, distingue, chicane, pour sauver la loi de Marx. (1re partie, chap. II et suivants).

tage tout pratique, et qui n'a rien à voir avec l'objectivité de données économiques, leur revient de la conservation de cette prétendue loi. Grâce à elle, en effet, il est facile de prophétiser à l'avance le déroulement déclaré nécessaire des faits économiques ; facile de jeter l'anathème au capitalisme terrien accapareur et de peindre en couleurs plus vives la misère des exploités ; un peu moins incommode enfin d'escamoter ce gêneur, l'innombrable moyen ou petit propriétaire qui s'obstine à ne pas mourir, mais qui mourra : la loi le dit.

Quoi qu'il en soit, que ces vues théoriques dominent encore ou non un certain nombre d'esprits dans le monde socialiste et syndicaliste, il est juste du moins de reconnaitre qu'on n'en trouve que d'assez obscures traces (1), soit dans le manifeste du Parti *Aux Travailleurs de la terre* et le programme qui y est joint (mai 1919), soit dans l'appel de la C. G. T. *Au Prolétariat paysan* et dans le programme qui l'accompagne également (sept. 1919). Ces manifestes et ces programmes s'inspirent de vues très réalistes, très opportunistes. On dirait que le bon sens, l'esprit terre à terre, la défiance des mots sonores qui caractérisent le paysan ont passé en partie dans les rédacteurs. Quant à décider si la vraie, la pure doctrine socialiste ou syndicaliste n'y aurait pas reçu quelque accroc, c'est une autre affaire.

E. Accommodation arbitraire et intéressée de cette loi. — Comme nous l'indiquions plus haut, le problème pratique, essentiel, tant du Socialisme que du Syndicalisme agraires, est celui-ci : étant donné, d'une part, l'existence et la survie en France d'une forte classe de paysans, individualistes forcenés, animés d'un farouche instinct « propriétiste » ; étant donné, d'autre part, une doctrine dont le

(1) Voici exactement tout ce qu'en dit le manifeste socialiste : « Il (le Socialisme) ne combat pas les petits possédants qui produisent eux-mêmes, qu'ils soient de la campagne ou de la ville. Il constate tout simplement qu'ils sont condamnés à être victimes du régime du grand capitalisme que l'évolution économique précipite... » Et le manifeste cégétiste : « ... La complexité, l'évolution de nos sociétés modernes ont condamné un système agricole dans lequel vous luttez péniblement sans retirer, en bien-être et en liberté, la somme d'énergie et de persévérance dépensée... »

principe essentiel est la dépossession du capital individuel au bénéfice de la collectivité, comment amener le paysan à accepter cette doctrine et surtout son application? Le problème est certainement insoluble dans ces termes. Que faire? modifier l'un d'eux : à défaut du paysan. irréductible, la doctrine plus malléable, tout en sauvegardant néanmoins son intégrité apparente. Et voici comment.

On établit d'abord une différence, non pas de degré ou d'étendue, mais littéralement de *nature* entre la propriété grande et moyenne et la petite ; les deux premières qualifiées de capital foncier, la dernière de simple instrument de travail, et assimilée à ce titre à l'outil : rabot, varlope, du menuisier ; marteau du forgeron, etc ; mieux encore, assimilée à la bêche, à la pioche, à la brouette du petit propriétaire. Partout, dit-on, où le propriétaire fait valoir son champ lui-même, sans l'aide de salariés, la propriété n'est plus qu'un simple instrument de travail ; en conséquence, elle échappera à l'expropriation qui s'abattra sur toutes les autres.

Distinction commode, certes, mais arbitraire. Elle est en effet opposée au principe primordial du Socialisme ou du Syndicalisme révolutionnaire, qui veut qu'aucun particulier ne puisse retenir en sa possession individuelle rien de ce qui, indépendamment de son travail, est susceptible de donner un revenu. Or, c'est le cas du lot de terrain qu'on vient de baptiser outil, comme c'est le cas du bétail petit et gros, nourri dans l'étable adjacente. L'un et l'autre sont du *capital*, soit capital foncier fixe (la terre), soit capital mobilier (le bétail), sur lequel est appliqué le travail du propriétaire. Il en résulte un rendement global que l'on peut diviser, par une distinction toute théorique, en *rente* de la terre (par exemple le croît naturel des bois, le surplus de valeur d'une exploitation résultant de l'ouverture d'un chemin de fer, d'une route); *revenu* du capital mobilier (par exemple multiplication et croît du cheptel), et enfin *salaire* dû au travail. Que l'on veuille attribuer au petit propriétaire cultivant de ses propres mains, et au seul petit propriétaire, à l'exclusion des autres, le rendement total de sa propriété, soit ; c'est là une conception spéciale d'économie ou de justice sociale à discuter, mais qui reste inconciliable, sauf entorse à la logique, avec l'attitude normale du Socialisme en regard du capital et des capitalistes petits ou grands.

Il n'est pas à nier d'ailleurs qu'elle puisse être politiquement fort profitable au Parti. Ce dernier escompte évidemment que les petits propriétaires ne regarderont pas de si près si la doctrine est cohérente ou non, que rassurés sur leur propre sort par cet escamotage d'un principe au bon endroit, « partageux » assez volontiers du bien d'autrui, ils seront tentés de sacrifier les intérêts de leurs gros confrères en propriété. Et, n'était leur bon sens foncier et leur attachement à l'ordre, l'on risquerait, avouons-le, de voir leur insatiable cupidité de la terre à posséder en propre, menée, par un détour imprévu, à l'assaut des principes généraux qui fondent leurs droits de propriété à eux aussi (1).

En tout cas, pour nos socialistes et syndicalistes, le pas le plus délicat est franchi : ils peuvent s'avancer désormais avec plus d'assurance à la conquête du monde paysan, drapeau, — ou ce qui en reste, — déployé au vent, manifeste et programme en mains. Le danger est moindre de « donner au socialisme figure de voleur... » (J. Guesde, Saint-Étienne, 1909). Et l'audace croissant, on en vient à des déclarations qui sonnent étrangement aux oreilles des gens avertis. « ...On nous reproche... de faire de l'opportunisme électoral... parce que nous n'osons pas dire aux petits propriétaires terriens, aux petits possédants, exploitants et salariés tout à la fois, que

(1) On eut beau dire, à Saint-Étienne, comme M. Renaudel (*Sixième Congrès national*, p. 269) : « Tous nous avons la préoccupation de ne pas incliner les principes du parti devant des raisons d'opportunisme... », il reste que certains esprits plus épris de logique, plus respectueux des vrais principes socialistes, reconnurent cette équivoque et la condamnèrent. Par exemple, les auteurs de la motion de la Seine à ce même Congrès, qui se refusèrent à rechercher, à l'usage des petits propriétaires, fermiers et métayers, la formule d'un Socialisme spécial. Par exemple, Vaillant : « Nous devons dire que la propriété individuelle agraire... doit inévitablement disparaître, la petite comme la grande propriété... Nous ne devons pas, même en apparence et momentanément, comme moyen de propagande, lui dissimuler la vérité. » (P. 214 et 216.) Mais les quatre millions de fourches paysannes, dont l'austère Guesde lui-même brandit la menace contre les imprudents capables d'un tel langage eurent vite et sans peine ramené le Congrès à des formules plus adaptées. Est-ce la perspective lointaine des mêmes fourches qui, au Congrès terrien cégétiste de Lyon (13 septembre 1919), décida finalement la Fédération, ainsi que nous le verrons plus bas, à englober dans ses futurs syndicats les petits propriétaires comme des salariés ordinaires ? C'est possible.

notre but, l'inavoué, est de leur enlever leurs lambeaux de propriété. Nous ne le disons pas, nous ne l'avons jamais dit, parce que nous ne le pensons pas ; nous ne l'avons jamais pensé. Le Parti n'est pas un parti de cambrioleurs de propriétés et de détrousseurs de biens. Il ne vole pas la propriété : il la restitue (1)... » Et voilà encore un sophisme de plus au bout, après la négation du milieu, contredite, elle, par d'autres textes. Comme si cette restitution à la nation, et pas à lui personnellement, des grosses propriétés terriennes, restitution qui doit d'ailleurs, selon l'Evangile marxiste, préluder à sa propre dépossession, tôt ou tard, ne serait pas honnie du paysan dès qu'il se rendrait compte !

La tactique s'avoue : les petits paysans rassurés provisoirement sur le sort de leurs biens, il s'agit maintenant de capter leur confiance pour les enrôler définitivement. On y aboutira par un plan largement conçu et adroitement exposé de réformes immédiates, mis en bonne lumière par une propagande habile. Organisation socialiste et Confédération générale du Travail vont se mettre énergiquement à cette œuvre, chacune selon sa

(1) Compère Morel, *la Question agraire et le Socialisme en France*, p. 114. — Même protestation : «... On vous trompe quand on vous dit que nous voulons vous arracher brutalement la terre fécondée par votre labeur pénible et que nous cherchons à vous. enlever le fruit de votre travail. C'est un mensonge... » (Manifeste socialiste, mai 1919). A ces déclarations il est aisé d'en opposer d'autres non moins nettes en sens contraire, celles qui sont reproduites un peu plus haut, note p. 16, par exemple. Sans parler des chefs allemands, Marx, Engels ou Liebknecht entre autres, voici ce que dit Vandervelde : «... Sans aller jusqu'à prendre des mesures pour accélérer la regression de la propriété paysanne, ne devons-nous pas souhaiter, au fond, que cette régression se produise, ... parce que l'expropriation capitaliste des petits producteurs, propriétaires de leurs moyens de travail, est la condition préalable de l'avènement du collectivisme. » (*Le Socialisme agraire*, p. 307-308). Et dans l'*Encyclopédie socialiste*, publiée sous la direction de M. Compère-Morel, nous lisons : « Le petit propriétaire, auquel nous ne saurions. sous peine de manquer à nos principes, promettre la conservation éternelle de sa propriété.. » (*Le Parti socialiste en France*, p. 251) La Constitution de la République socialiste fédérative des Soviets de Russie, adoptée par le 5ᵉ congrès panrusse de juillet 1918, traduit ainsi les théories génuines de Marx, (encore que l'application en semble. en fait, assez lointaine. les paysans ne l'entendant pas ainsi !) « Pour réaliser la socialisation de la terre, la propriété privée de la terre est abolie ; toutes les terres sont déclarées propriété nationale et sont remises aux travailleurs sans aucune espèce de rachat, sur les bases d'une répartition égalitaire *en usufruit*. » (*Constit.* Chap. II. a.) Cf. encore Compère-Morel, *op. cit.*, p. 121.

BIBLIOTHÈQUE NATIONALE — R. F. — IMPRIMÉS

méthode et son esprit propre. Il reste à étudier ces programmes et cette activité.

II. — LES PROGRAMMES D'ACTION.

Jamais donc, comme vers le printemps de 1919, le Parti socialiste n'avait vu dans une lumière aussi vive l'absolue nécessité de rallier à soi la masse des paysans, s'il prétendait aboutir enfin à la Révolution sociale.

Une vision beaucoup plus nette de l'urgence d'une propagande paysanne, voilà ce qui caractérise la politique agraire actuelle du Parti, bien plus que son habileté à plier opportunément les principes à des nécessités de tactique. Car « cet opportunisme », qui est tout autre chose que le souci fort louable de retoucher les théories d'après les exigences du réel, le Socialisme le connut de bonne heure.

« Ce ne furent pas tout d'abord des considérations de principes, déclare Kautsky, qui poussèrent le Parti socialiste à s'occuper de questions agraires, mais ce furent plutôt des considérations d'agitation électorale qui lui firent désirer d'offrir quelque chose aux paysans, de formuler leurs revendications pratiques pour les intéresser à l'agitation socialiste (1). »

Il ne faut donc pas s'étonner si le problème pratique d'importance primordiale, qui se pose pour le Parti socialiste et le Syndicalisme cégétiste en matière d'agriculture et devant le monde paysan, a été abordé et tranché d'assez bonne heure, par le Parti socialiste tout au moins. De quelle manière, plus élégante et commode que logique, on a pu le lire un peu plus haut. Ce qu'il faut retenir, c'est qu'une telle solution, sous cette forme, s'imposait et sans retard au Parti qui, par nécessité, voulait recruter des adeptes paysans. Elle conditionne en effet tout programme et toute propagande socialiste agraire.

(1) Cf. Kautsky, *la Politique agraire du Parti socialiste*. Trad. Polak, p. 4, ou encore cette réflexion de Augé-Laribé, dans *l'Évolution de la France agricole*, p. 249 : « ... Quand on considère l'action du Parti socialiste, en tant que parti politique, le Socialisme agraire apparaît comme l'exploitation électorale d'une situation économique confuse. »

A. L'évolution du programme socialiste. Néanmoins jusque vers 1889-1890, c'est encore le règne presque incontesté du dogme collectiviste intégral : la terre, et toute terre, sans qu'il soit question d'étendue, doit être expropriée et socialisée au titre de capital agricole, comme le capital industriel et le capital commercial. Mais vers 1892, le Socialisme se jette comme parti distinct dans la lutte électorale ; au contact de l'électeur villageois, il perd sa confiance tranquille dans l'intangibilité des principes marxistes. Cette expérience est mise a profit.

Le Congrès de Marseille (1892), tenu par un groupe important du Socialisme français, le Parti ouvrier, élabore un programme agricole que le Congrés de Nantes en 1894 (douzième Congrès national de ce même Parti ouvrier) reprend et complète. En dix-huit articles où sont déjà énumérées la plupart des réformes et des mesures qui se retrouveront désormais dans tout programme agraire socialiste, préoccupé avant tout des avantages immédiats et certains, le Parti ouvrier adopte franchement, quoi qu'en pensent les principes, une politique protectionniste à l'égard du paysan. Exproprier le petit propriétaire ou même l'abandonner à son malheureux sort pour hâter la castatrophe libératrice, comment pourrait-il en être davantage question ? « Si au moyen des grands domaines repris à leurs détenteurs oisifs, au même titre que les chemins de fer, mines, usines, etc., le devoir du Socialisme est de remettre en possession (*sic*), sous la forme collective ou sociale, les prolétaires agricoles, son devoir non moins impérieux est de maintenir en possession de leurs lopins de terre, contre le fisc, l'usure et les envahissements des nouveaux seigneurs du sol, les propriétaires cultivant eux-mêmes. » — « Le Parti ouvrier, à l'inverse des anarchistes, n'attend pas de la misère étendue et intensifiée la transformation de l'ordre social. » Son but, c'est de « coaliser dans la même lutte contre l'ennemi commun, la *féodalité terrienne*, tous les éléments de la production agricole (1) », c'est-à-dire tous les électeurs paysans.

(1) Préambule du programme, *passim*. Une édition officielle avec commentaires en a été donnée à l'époque par Paul Lafargue, le gendre de Marx. Tant par le préambule du programme que par le rapport de Lafargue au même Congrès, il apparaît quelle emprise le dogme marxiste,

Le programme de 1891 passa pourtant assez inaperçu. C'était l'époque où des luttes aiguës d'idées, des heurts violents de méthodes et de tendances dispersaient en cinq et même six organisations différentes. presque ennemies, les socialistes français. Les syndicats agricoles du Centre et du Midi, nés de l'agitation socialiste et un instant pleins de promesses, se mouraient ; par contre, les syndicats d'industrie prenaient de plus en plus conscience tant de leur force que de leur caractère propre, et lassés enfin de sentir sur eux la main impérieuse des meneurs socialistes, professionels de la politique et non du travail, ils s'émancipaient, en 1895, de cette tutelle, et fondaient la Confédération Générale du Travail, en attendant la rupture officielle et définitive, dix ans plus tard, à Amiens (1906). Enfin. vers la même date, l'affaire Dreyfus. le cas Millerand (1), détournaient et stérilisaient en des discussions passionnées toute l'activité des diverses fractions du Parti. La propagande agraire était bien oubliée.

On s'en ressouvint fort à propos quand, après le Congrès international d'Amsterdam (août 1904), proclamant nécessaire contre le capitalisme l'union des forces socialistes dans tous les pays, le Congrès national de Paris (avril 1905) eut réussi à constituer le Parti socialiste unifié français. Dès l'année suivante (novembre 1906). le Congrès de Limoges, « résolu plus que jamais à poursuivre la réalisation des revendications paysannes décide d'ouvrir une vaste enquête portant sur les conditions de travail et de vie des travailleurs ruraux et sur l'état de l'évolution des différents modes d'exploitation et de propriété (2) ».

ou du moins la formule du dogme, gardait encore sur les esprits. et par-dessus quel illogisme les nécessités tactiques obligeaient à passer. A plusieurs reprises « la brutale centralisation », même terrienne, la désastreuse prolétarisation paysanne sont declareés *fatales* ; on en conclut à des mesures de protection pour cette propriété paysanne « fatalement appelée à disparaître ». C'est dans ce même rapport de Lafargue que se trouve cette comparaison: « Le petit champ est l'outil du paysan, comme la varlope est celui du menuisier et le bistouri celui du chirurgien. »

(1) Entrée de Millerand au ministère Waldeck-Rousseau, donc collaboration d'un socialiste avec les bourgeois, fusion des députés socialistes dans la majorité gouvernementale, contrairement à toutes les conceptions socialistes antérieures sur la lutte de classes et la prise de possession globale du pouvoir par tout le Parti.

(2) Cf. *Encyclopédie socialiste, la France socialiste*, p. 253.

Pour cette enquête, une nombreuse commission est nommée, avec M. Compère-Morel comme secrétaire rapporteur ; un questionnaire détaillé est envoyé à vingt mille exemplaires aux Fédérations départementales du Parti socialiste. Mais ainsi qu'il arrive généralement, on y répondit mal ou pas, et le Congrès de Nancy ne put que constater cette insouciance. Le rapport Compère-Morel fut néanmoins déposé devant le Congrès de Toulouse (1908) qui décida, presque sous la menace des délégués ruraux (1), d'inscrire la question agraire en tête cette fois de l'ordre du jour du prochain Congrès.

Le Congrès national de Saint-Étienne. Et nous arrivons à Saint-Étienne (1909), aux premières assises du Socialisme agraire français, où furent enfin discutées, avec l'ampleur que méritait leur importance, la tactique et les théories agraires du Parti. Visiblement, par-dessus toutes les thèses qui s'entre-choquent, les aperçus, les propositions qui se mêlent, une préoccupation, comme à Nantes, domine tout le débat et met l'unité dans cette confusion (2) : il faut au prolétariat ouvrier, dans sa marche à la révolution, le concours du petit propriétaire paysan, tout au moins sa neutralité ; quelles directions pratiques établir assez conformes aux principes du collectivisme, assez présentables cependant aux milieux ruraux, pour lancer et soutenir une propagande à la fois orthodoxe et efficace (3) ? A cette préoccupation, ce fut, après deux journées entières de discours dont la longueur parfois agaçait curieuse-

(1) « C'est la troisième fois que la question agraire est reculée. Or, nous sommes la majorité dans le Congrès. Et bien ! nous disons une fois pour toutes que nous voulons, en tête de l'ordre du jour, cette question et si, après l'avoir inscrite, vous en appelez au Congrès encore une fois, nous ne tolérerons pas qu'on l'écarte. » Déclaration de Compère-Morel au Congrès.

(2) « ... La question pour laquelle nous nous passionnons, cette question de la petite propriété qui, au fond, est tout le débat... » Sixième Congrès national de Saint-Etienne, p. 296.

(3) « Cela leur a donné le ferme espoir que le Parti se mettra facilement d'accord sur une motion qui permettra une propagande efficace auprès des travailleurs de la terre, sans dissimuler nos principes et notre but, ni compromettre l'action générale du prolétariat organisé. » *Ibid.* p. 588. Rapport final de la commission agraire.

ment quelques-uns des délégués, à peu près la même réponse qu'à Nantes. La tactique était fixée : le petit propriétaire échappe de droit à l'expropriation socialiste, encore qu'il doive être de fait, tôt ou tard, la proie du capitaliste terrien accaparreur ; de droit également, il appartient au prolétariat ouvrier ; sa situation présente doit être améliorée par des réformes de détail, tandis que son éducation socialiste sera progressivement poursuivie par les coopératives et les mutualités.

Cependant, au cours de la discussion, des divergences d'idées s'étaient manifestées trop sensibles, même entre les guides reconnus du parti (Lagardelle, Vaillant, Jaurès, Guesde par exemple), comme aussi trop de flottement, d'à peu près dans la documentation, pour qu'on osât proposer le vote immédiat de conclusions concrètes détaillées. En conséquence, il fut décidé qu'une nouvelle discussion aurait lieu dans le plus prochain Congrès ; dans l'intervalle, une commission de sept membres établirait un cahier de revendications paysannes.

Ce cahier parut en janvier 1910. Modéré en somme dans ses revendications, il est passé en subtance dans le programme de 1919. Inutile donc de l'examiner à présent. Mais il est bon de le noter ici une fois pour toutes : cahier de 1910 et programme de 1919, encore que présentés par tout le Parti et appuyés de signatures nombreuses, sont en fait, tout porte à le croire, l'œuvre d'une seule et même plume, que l'on retrouve diligente, alerte, inlassable depuis des années, dans des articles de journaux, dans des brochures et des livres, vouée presque exclusivement à la défense et à l'exposé des théories agraires socialistes (1). Le programme de 1919, s'il n'est de M. Compère-Morel, ne fait du moins que reproduire, on pourrait presque dire phrase pour phrase et dans le même esprit général, ses idées en la matière.

(1) De M. Compère-Morel, il s'agit de lui, on pourrait dire qu'il est vraiment le docteur en qui et par qui parle toute l'École socialiste agraire, s'il n'est même, à lui seul, toute l'École. Longtemps horticulteur dans l'Oise, propagandiste rural à travers la France, il a une compétence certaine ; esprit réaliste, il évite de sacrifier autant que d'autres à la phraséologie et à certaines thèses obligatoires dans le Parti ; il vise d'abord aux réformes possibles et urgentes. Ses qualités, son attitude, beaucoup de ses idées mêmes, qui lui avaient acquis, en 1914, de nombreuses voix catholiques du Gard, lui ont valu de conserver son siège en 1919, seul des quatre unifiés, députés sortants.

Il fut publié à la fin de mai, encadré d'un manifeste *Aux Travailleurs de la terre* (1). Les élections approchaient : on tirait donc des archives où beaucoup, semble-t-il, et sans grand remords, le laissaient paisiblement dormir, l'exposé des revendications paysannes. Car le Congrès de Nîmes (1910), puis le Congrès de Saint-Quentin (1911), puis le Congrès de Lyon (1912), et enfin celui de Brest (1913) s'étaient succédé, se passant de l'un à l'autre, avec les regrets convenables, mais sans y toucher, la fameuse question agraire qu'il avait été pourtant décidé à Saint-Étienne, en 1909, de discuter dès l'année suivante (2).

B. Tardive apparition du programme cégétiste. Or, quelques mois après, un autre programme paraissait, encadré, lui aussi, de son manifeste *Au Prolétariat paysan* (3). C'était la C. G. T. qui, à l'issue de son bruyant Congrès syndicaliste de Lyon, (sept. 1919), appelait à son tour « les esclaves de la glèbe... au geste d'étroite solidarité avec le reste du prolétariat — (à l'organisation syndicale) — contre l'égoïsme des seigneurs nouveaux et l'indifférence des politiciens... » Si l'on n'avait connu et les vastes espoirs qui soulevaient alors la masse syndicaliste ouvrière, et ses craintes aussi en présence de ce sphinx paysan, taciturne et défiant devant ses avances, on aurait pu s'étonner, à bon droit, de la brusque publication de cet appel et de ce programme.

Le Parti socialiste, on l'a vu, s'est préoccupé assez tôt et de

(1) On peut lire ce manifeste et ce programme dans *la France libre* (31 mai 1919), et le programme seul, dans la brochure de Compère-Morel : *le Programme socialiste de réformes agraires*, avec quelques commentaires (Paris, Rivière).

(2) On jugera, d'après l'exposé qui précède, du degré de créance qu'on peut accorder à la plaidoirie ci-contre de M. Compère-Morel : « ... S'il est un Parti qui a compris toute l'importance de la question agraire, c'est bien le nôtre. Il n'est pas une organisation politique dans notre pays qui se soit préoccupée de l'avenir de l'agriculture autant que nous. Depuis 1905, il n'est pas un de nos Congrès où nous n'ayons discuté sur l'état de l'évolution (toujours la même formule qui revient) de la propriété rurale et sur la situation économique et sociale des terriens... » *Humanité*, 8 octobre 1919.

(3) On peut le trouver dans *l'Information ouvrière et sociale*, 9 octobre 1919. Il a paru également en brochure.

façon assez suivie, du paysan ; le Syndicalisme cégétiste, point.
Sans doute, en 1900, le Congrès de Paris (cinquième Congrès
de la C. G. T. à peine encore dans sa première enfance)
approuve un rapport où sont fixés : « 1° les bases de la propagande agricole » ; 2° les conditions d'admission aux syndicats » (d'ouvriers agricoles) ; sans doute ce même rapport conclut, après des considérants hauts en couleur, — comme les
recherche souvent la littérature révolutionnaire, — à l'admission dans les syndicats, à côté des salariés agricoles,
de « ceux qui, propriétaires, vivent de leur travail sans
exploiter personne ». Mais de programme un peu déve-
loppé, fondé sur quelques grandes idées, à larges perspectives,
il n'en paraîtra point jusqu'en 1919 ; dans ce rapport de 1900
est simplement donné « momentanément pour but », aux syndicats ouvriers agricoles, « la défense de leurs intérêts immédiats, notamment le relèvement des salaires et la diminution
de la durée de la journée de travail » ; bref, un simple bénéfice
matériel, tangible et présent (1).

En outre, de 1900 à 1919, soit nécessité, parce que trop
faible, soit erreur d'appréciation, soit même dédain, — car
plus débarrassée de préoccupations électorales, elle n'a pas
autant d'intérêt que le Socialisme à ménager le paysan, — il
semble que dans cette période la C. G. T. se désintéresse à peu

(1) La plupart des considérants du rapport sont, comme il convient,
stricts et durement orthodoxes. « Considérant que les travailleurs agricoles... comme tous les salariés, sont courbés, asservis et meurtris par le
même capitalisme... — Considérant que les fruits sont à tous et que la
terre n'est à personne, les propagandistes devront nier le droit à la propriété, grande ou petite... — Comme rien ne différencie le propriétaire
terrien exploitant des journaliers de l'industriel exploitant des ouvriers,
il est nécessaire à la ville comme à la campagne, d'affirmer le principe
de la lutte de classes, mettant aux prises l'exploiteur et l'exploité, le
capital et le travail... — Votre commission voudrait que la propagande
paysanne soit faite sans préoccupation individuelle, sans concession
aucune à la neutralité des contingences. » — Cependant il y a aussi des
constatations de bon sens qui amènent et préparent l'admission du petit
propriétaire dans les syndicats de salariés. « ... Tout mouvement ouvrier
qui ne s'appuierait pas sur une action parallèle des paysans ne saurait
être durable... — En régime capitaliste, il est nécessaire de tenir compte
de l'antagonisme des intérêts, des difficultés de l'existence, de la complexité de la question agraire... ; il serait dangereux de repousser systé-
matiquement des groupements syndicaux ouvriers ces catégories de prolétaires (les petits propriétaires)... »

près totalement de la question paysanne. « L'heure est à la solidarité et à l'organisation », est-il déclaré aux ruraux tout au début de l'appel de 1919. Sans aucun doute ; mais cette heure avait sonné depuis longtemps. et la C. G. T. n'avait pas su ou daigné s'en apercevoir. Car si elle suivit d'un œil sympathique les mouvements agraires qui, particulièrement entre 1900 et 1906, aboutirent à mettre sur pied divers syndicats d'ouvriers agricoles dans le Centre et le Midi ; si elle envoya même de-ci de-là des délégués pour soutenir les grèves agraires ; si quelques congrès syndicalistes régionaux (par exemple, Bourges, 1904 ; Perpignan et Orléans, 1905 ; Saint-Fargeau, 1908) essayèrent d'organiser autour d'elle une vaste fédération terrienne, elle ne donna jamais ni plan sérieux, ni direction capable d'unifier et de vivifier ce mouvement. Tout fut réservé à l'organisation de l'ouvrier d'industrie. En 1919 seulement, elle essaye de réparer son erreur et de rattraper le retard.

C. Mise en regard des deux programmes. A rapprocher et à lire d'affilée les deux programmes de 1919, celui du Parti socialiste et celui de la C. G. T. syndicaliste, une première impression d'ensemble se dégage : tous deux, ils apparaissent d'une modération relative, et qui étonne, — mais à tort, si l'on n'a pas perdu de vue la ligne de l'évolution du Parti socialiste sur le terrain agraire. ni les avances nécessaires de la C. G. T. au prolétariat paysan. Modération relative, même dans le langage : au manifeste encadrant le programme sont réservées les déclarations plus ou moins violentes, vraies clauses de style, d'allure toutefois plus défensive qu'agressive dans le manifeste socialiste, en partie neutralisées, en somme, dans le manifeste syndicaliste, malgré le rouge vif des images, par les remarques sensées qui s'y juxtaposent. Il n'est pas jusqu'au titre qui n'ait su s'adapter : le Parti socialiste parle, non de révolution, mais de renaissance terrienne et de rénovation agricole ; la C. G. T., d'action et de revendications. Et quant aux réformes proposées, notamment celles des socialistes, un bon nombre sont non seulement acceptables en principe, mais encore font partie depuis assez longtemps déjà du programme agraire de l'école sociale catholique.

Cette modération commune aux deux programmes concur-

rents, où l'on sent déjà quelque chose de la vertu apaisante du
sol et de son enseignement réaliste, n'entraîne pas communauté
de points de vue et encore moins identité de revendications. On
sait quel fossé sépare socialistes et syndicalistes cégétistes ; ce
n'est pas le programme agraire du moins qui fera le pont. Là
comme sur d'autres terrains, apparaissent les mêmes divergences de but, de méthode. d'esprit général (1). Et de ce chef
l'étude comparative des deux programmes, point par point, en
diptyque, est rendue impossible ; ils ne sont ni superposables,
ni symétriques.

Un programme de *CLASSE* Le programme agraire de la C. G. T.
est un programme de *classe*, avec ce
que comporte d'étroit et d'exclusif cette notion, telle du moins
qu'elle est appliquée ici : c'est le programme du prolétariat
paysan. La C. G. T. ne s'y occupe que des salariés ; elle entend
faire la révolution avec eux. par eux et d'abord pour eux.
Ennemie-née du capital privé. donc, si elle reste fidèle à son
esprit, hostile nécessairement à tout propriétaire terrien, petit
ou grand, elle ne pouvait en bonne logique établir de programme que pour le salariat agricole, et qu'un programme
étriqué. inharmonique, puisque condamné, par restriction
volontaire du champ de vision, à n'accorder ni leur rang ni
leur importance naturelle aux intérêts généraux de la collectivité.

On sait et l'on verra plus bas encore qu'elle donne cependant
entrée, avec un semblant de raison, aux petits propriétaires
dans ses syndicats ; mais observons que c'est par une porte
dérobée, après les avoir baptisés prolétaires, et parce qu'il
faut bien — nécessité n'a pas de loi — détacher de l'armée de
l'ordre les bataillons des ruraux pour les joindre à l'armée
révolutionnaire. De cette indispensable mais douloureuse intru-
sion dans l'authentique corps prolétarien d'éléments étrangers
qu'il va tenter d'assimiler, il n'est bien entendu pas soufflé mot,
ni dans le manifeste, ni dans le programme. Une pudeur

(1) L'article de H. du Passage (*Études*, 5 mai 1919) met en pleine lumière
ces divergences foncières. Il a paru également en brochure à *l'Action
Populaire*, sous ce titre : *Les Tendances et les Variations du Syndicalisme
révolutionnaire* (0 fr. 75).

réfléchie et politique n'a permis de parler. en termes neutres,
que des « travailleurs de la terre », indistinctement.

Un programme de *PARTI* Le programme du Parti socialiste est
un programme de *parti* ; il est établi
en fonction de l'électeur, et du plus grand nombre possible
d'électeurs. non plus du seul salarié. On voit les conséquences.
Le champ d'action s'élargira ; les soucis d'ordre et de bien
général pourront être mis à leur rang, le premier, — tactique
habile ou juste appréciation des valeurs, ou les deux à la fois,
on ne sait trop — ; les ménagements nécessaires seront gardés
dans l'énoncé de la doctrine et des revendications. Equilibré
habilement. prudemment réformiste. ménageant l'intérêt des
petits pour mieux appâter leur envie avec les dépouilles des
gros, enfin reculant dans la brume d'un indistinct avenir
les menaces de l'expropriation intégrale et sans exception (1),
ce programme doit tenter et tentera une large catégorie d'électeurs. Mais aussi, notons-le de suite, à se mettre ainsi à l'école
du réel, à marcher par étapes. aux seules réformes reconnues
possibles, à favoriser notamment toutes les formes de l'asso-
ciation agricole, le Socialisme prépare le contrepoison de ses
propres doctrines et neutralise par avance, au moins en partie,
leur nocivité ; l'Associationnisme risque de tuer le Socialisme.

D'un côté donc, programme simplement économique. mais
au service d'une seule classe, les salariés ruraux ; de l'autre,
programme économique sans doute, mais tout autant politique
dans ses visées, et au service d'un parti · cette opposition sort
ses conséquences tout au long des deux documents.

(1) « ... Notre proposition' (réforme du métayage,... suppression de
l'impôt colonique, de l'impôt foncier, etc., et des fermiers généraux) ne
touche pas la question de la grande propriété terrienne dans son fond
même. Ce n'est ni pour en dissimuler l'importance,ni pour reculer devant
la solution. Mais notre programme ne doit aborder que les réformes
immédiates... » Compère-Morel : *le Programme socialiste et les Réformes
agraires*, p. 60. « ... Ce programme a cet avantage incontestable, c'est
que, conformément à ce que dit Marx, il n'entend pas dépasser d'un saut,
ni abolir par des décrets, les phases de l'évolution de la propriété agricole... » *Ibid.*, p. 12. Cette dernière phrase doit avoir pour M. Compère-
Morel une saveur ou une importance spéciale, car on la retrouve assez
souvent sous sa plume.

Conséquences de cette
opposition.

Quelques millions de petits exploitants
sont électeurs : le Parti socialiste recourt à
l'utile sophisme de la petite propriété-
outil ; il souligne avec insistance, qu'il entend bien conserver
au petit propriétaire son fonds d'exploitation, accroître en
outre le produit de son travail.

La C. G. T., elle, boude le petit exploitant ; elle ne l'admet
qu'à contre-cœur ; elle ne croit pas, et elle a raison, à son âme
de prolétaire. En revanche, toutes ses affections vont aux
salariés ruraux. Par une erreur d'appréciation qui décèle
l'action latente du milieu industriel où elle naquit et grandit,
elle se compose un salarié rural-type, simple décalque du
salarié industriel, tout comme elle semble faire du travail aux
champs une sorte de réplique du travail dans l'industrie. Erreur
capitale, qui après avoir imposé une tactique avant tout com-
bative et hargneuse, avec un programme étriqué, genre règle-
ment d'atelier, mène la C. G. T., croyons-nous, à des échecs
sur ce terrain, ou lui fait malgré elle préparer les voies au Socialisme. Car les salariés ruraux, minorité d'ailleurs par rapport
aux exploitants directs, ne sont pas, comme trop souvent
l'ouvrier d'industrie, des déracinés vivant au jour le jour du
salaire consommé tout entier, sans souci de l'épargne même
lorsqu'elle est possible ; eux ont presque tous gardé une âme
« propriétiste » ; assez souvent logés « chez eux », possesseurs
d'un bout de terrain, ils sont presque toujours candidats à une
propriété plus grande, indépendante ; à elle vont leurs rêves et
leurs économies. Leur sagesse défiante, leur solide bon sens de
terrien semble devoir les détourner de la C. G. T. d'esprit trop
révolutionnaire pour eux, là où le Socialisme, bien plus réservé
dans ses plans de reconstruction sociale et si tentant pour leur
cupidité, a chance de capter leurs suffrages.

Et cela, le Socialisme l'a senti. A cette large clientèle de
salariés, métayers, fermiers, grossie des petits propriétaires, il
propose dès le début de son programme, sous le titre bénin de
Rénovation agricole, tout un ensemble de fort recommandables
mesures générales que voici : développement des services
officiels de l'agriculture au ministère et dans les huit régions
agricoles à créer ; grands travaux publics d'irrigation ; dévelop-

pement de l'enseignement professionnel agricole, des coopératives, de la motoculture, des transports. En tout, huit paragraphes, un bon tiers du programme.

Par contre, c'est seulement tout à la fin de son programme que la C. G. T. parle de l'éducation agricole et des mesures pour le développement de l'agriculture : maintien des domaines communaux à exploiter soit par des coopératives, soit en régie directe par les communes ; mise en valeur des terres abandonnées ou malsaines ; remembrement ; contrôle de l'exploitation forestière ; encouragement aux industries rurales pour enrayer l'exode des campagnes ; monopole réservé à l'Etat de la fabrication des engrais et de l'importation des céréales. Et cette assez courte énumération est comme écrasée, dans le texte même, par la longueur de tous les paragraphes qui règlementent en détail le travail agricole salarié, sa durée, sa répartition, sa sécurité, son hygiène, ses chômages, ses conflits, etc., comme si tout le problème agraire ou même tout l'essentiel du problème agraire était cela !

Des mesures diverses au sujet du travail agricole que propose la C. G. T., quelques-unes méritent pourtant une mention spéciale : celle par exemple qui demande une amélioration du logement, du couchage et de la nourriture pour les ouvriers agricoles ; amélioration (celle du couchage surtout) réclamée de divers côtés depuis longtemps, notamment par des groupements catholiques, en maints endroits obtenue par leur action et que la pression économique, c'est-à-dire la disette croissante d'ouvriers agricoles, plus vite que des considérations morales, généralisera forcément. Telle autre mesure est juste et d'à-propos : celle, par exemple, qui veut faire bénéficier le travailleur agricole de la loi sur les accidents du travail ; celle autre qui impose le repos hebdomadaire (le dimanche ne semble pas spécifié), avec le moins possible de dérogations. Telle autre paraît assez peu indiquée : celle qui organise l'inspection agricole du travail parallèlement à celle de l'industrie et institue un sérieux contrôle par des délégués agricoles analogues aux délégués d'atelier.

Dans l'ensemble, en plus des observations générales exposées plus haut, les critiques valent contre ce programme qui s'accordent à lui reprocher de manquer de souplesse, de méconnaître la psychologie paysanne et les modalités essentielles du travail rural, bref, de n'être qu'une transposition plutôt maladroite et brutale de la législation industrielle. En particulier, l'application de la loi des huit heures au travail rural, telle qu'elle est réclamée, est une utopie ; on oublie par trop en quelle dépendance nécessaire reste ce travail, et de la température, et des saisons, et du temps aussi, dont la lente coulée ne mesure que goutte à goutte la croissance aux plantes et aux animaux.

La seconde moitié, à examiner ici, du programme socialiste échappe presque entièrement à ces dernières critiques. Et l'on n'hésiterait guère à signer la plupart des réformes qu'il réclame en faveur des salariés et des exploitants, ou contre le régime fiscal agricole d'à présent, n'étaient son esprit général et les visées ultimes qu'il sert ; esprit et visées que révéleraient, s'il en était besoin, certains passages du manifeste qui précède. Non pas sans doute qu'il faille prendre absolument à la lettre telles ou telles formules qu'imposaient alors le souci des élections prochaines et le « bourrage » préalable des électeurs ; mais en gens avertis nous avons bien le droit de ne pas prendre davantage à la lettre la modération relative des réformes proposées, opportunisme de façade qui, dans la pensée de ses fauteurs, doit masquer provisoirement le travail de démolition du vieil édifice social.

Cette réserve faite, un catholique agirait en pleine conformité avec les directions de l'Eglise en travaillant lui aussi, mais en catholique et prudemment, au développement des syndicats ouvriers agricoles ; (1) en contribuant lui aussi avec discernement à « l'application aux travailleurs des campagnes de toutes les lois ouvrières et de prévoyance sociale », « à la protection de l'enfance, à l'amélioration des conditions d'hygiène, à l'extension au travail terrien de la juridiction prud'ho-

(1) Il s'agit ici non pas uniquement des syndicats agricoles ordinaires, si avantageusement connus, qui englobent souvent propriétaires et salariés, métayers, fermiers, mais aussi des syndicats de seuls salariés agricoles, ou même de seuls métayers, syndicats dont il est précisément question dans le programme socialiste. A notre connaissance des catholiques se préoccupent déjà de mettre sur pied de pareils syndicats.

male... » ; en poussant à la restauration du repos dominical
obligatoire. Il ferait sagement remarquer que la loi des huit
heures, ici terme idéal plutôt que règle, ne peut être appliquée
à l'agriculture qu'avec d'infinis ménagements, mais il ajoute-
rait qu'il reste acquis en principe à toute mesure qui doit
rendre au travailleur des champs la vie plus facile, plus
humaine, pour l'empêcher d'aller chercher à la ville les agré-
ments, la sécurité, la protection légale, les ménagements qu'il
ne trouve pas au même degré à la campagne.

Sans aucun doute également, ils n'accepterait ni sans
défiance, ni sans réserves, les mesures encore trop peu pré-
cisées par le programme, qui visent à remanier sérieusement
le régime actuel du métayage et du fermage ; qui attribuent,
par exemple, à des commissions d'arbitrage le droit de fixer le
taux des fermages, les indemnités de plus-value, les réductions
de bail ou de redevances en cas d'intempéries, ou qui exigent
la « suppression des servitudes coloniques » ; mais il observe-
rait que cette commission d'arbitrage a un air de parenté avec
la commission mixte dont le rôle est si important dans l'organisation professionnelle, telle que l'a élaborée l'école sociale
catholique. Il ferait remarquer qu'à améliorer, là où il y a lieu,
le sort des métayers et fermiers, qu'à prendre à propos la tête
d'un mouvement prudemment réformiste, on gagnerait de for-
tifier l'excellente institution sociale du métayage et de faciliter
l'accession à la petite propriété, tout en désarmant certaines
envies (1).

La « suppression des droits de mutation au-dessous d'un
maximum » donné, « la revision du cadastre », l' « interdiction

(1) Dans une étude très intéressante publiée en partie dans *le Temps,*
en partie dans *le Correspondant,* puis en brochure : *le Socialisme et la
Conquête des paysans, à travers les campagnes bourbonnaises* (Marcel
Rivière, 1911), M. J. Bois écrivait en 1911 : « Sans préjuger encore de la
justesse des récriminations syndicales, on peut dire que toute l'agitation que l'on constate dans les campagnes bourbonnaises a pour cause,
ou tout au moins pour prétexte, l'existence des fermiers généraux et le
paiement de l'impôt colonique, auquel il faut ajouter le délabrement de
certaines maisons d'habitation. » (P. 44.) Arrivé aux conclusions de son
enquête, qui ne valent complètement que pour cette région et pour une
période écoulée, il admet en bonne partie la justesse de ces récriminations et d'accord avec quelques agriculteurs du pays, à compétence
reconnue, il suggère de notables réformes sur les trois points indiqués.
(P. 115 et 116.)

d'aliéner les biens communaux et l'extension de la propriété communale », obtiendraient de notre catholique une approbation de principe sans réserves ; après quoi, on ne saurait lui en vouloir de renvoyer, pour examen, à d'autres qu'aux agriculteurs, l' « abolition des impôts indirects, et la transformation des impôts directs en impôt progressif sur les revenus » ; et il aurait bien le droit, pour finir, de traiter de flagornerie démagogique la dernière réforme proposée : « interdiction des chasses réservées et liberté de la chasse et de la pêche pour tous », vrai massacre des innocents.

III. — LA PROPAGANDE ET SES RÉSULTATS

Voilà donc les programmes d'action agraire du Parti socialiste et du Syndicalisme cégétiste. De quels effectifs, troupes et cadres, disposent-ils actuellement pour les réaliser ? Quels succès ont-ils à marquer ?

A. **Les effectifs socialistes.** Vers le milieu d'octobre 1919, le Parti socialiste qui, du 1ᵉʳ janvier au 10 juillet de la même année avait gagné 52.000 cotisants, en comptait chiffres ronds, 115.000. *L'Humanité* du 30 décembre 1919 donnait comme effectifs à cette date : 133.327 cotisants, contre 35.793 au 31 décembre 1918, répartis en 95 Fédérations contre 84 en 1914 ; donc un gain de 97.000 membres dans les douze derniers mois. Il est difficile de contrôler ces chiffres ; la part faite au grossissement probable, aux inscriptions sans grande portée d'adhérents purement nominaux, les chiffres et surtout leur bondissement rapide en 1918 restent significatifs.

En outre le Parti se vante d'avoir obtenu aux dernières élections législatives 1.700.000 voix contre 1.400.000 environ en 1914. Ces chiffres paraissent encore exagérés. Il faut les ramener à 1.615.466 voix (1), ce qui représente un gain de 219.352 voix sur 1914.

(1) Cf. G. Lachapelle. *Élections législatives du 16 nov. 1919. Résultats officiels.* Paris, Roustan 1920.

Ce qu'il importerait de connaître, c'est la proportion des ruraux proprement dits dans le nombre des cotisants — les fervents — et, d'autre part, dans le nombre des électeurs socialistes — troupe déjà moins sûre.

Pour ce qui est des cotisants, toutes statistiques de ce genre font défaut. On peut essayer cependant quelque approximation. A prendre la liste des cotisants par départements, il semble bien que leur nombre est à peu près toujours en raison directe de la population industrielle et en raison inverse de la population rurale. Le Nord par exemple est passé de 4.000 cotisants en Avril 1919 à 14.700 à fin décembre; le Pas-de-Calais, de 2.300 à 11.950 ; le Rhône, de 1.600 à 2.600 ; la Seine, de 10.500 à 18.050 ; la Gironde, de 1.400 à 2.850 ; le Haut-Rhin, de 2.500 à 4.300 ; la Corrèze, de 300 à 2.000, etc. En revanche, la Lozère, qui au 31 août 1918, avait 40 cotisants ; les Basses-Alpes, 25 ; les Côtes-du-Nord, 20 ; le Cantal. 85. etc, restent fortement en queue, encore à présent, de l'avance socialiste. Ces exemples suffisent : la proportion des agriculteurs cotisants apparaît très faible; encore plus réduite serait-elle si l'on défalquait des effectifs indiqués les artisans de village, les instituteurs, les petits fonctionnaires, lecteurs de *l'Humanité* ou des *Populaires* régionaux, qui généralement forment dans nos campagnes le cadre des petits groupes socialistes.

Quant au nombre des électeurs socialistes paysans. il est facile à chacun, à la seule lecture des statistiques détaillées que publièrent les feuilles locales au lendemain des élections, d'en établir un compte à peu près exact; point trop difficile également. pour qui réside sur place et qui veut scruter les motifs de ces votes, de faire assez équitablement leur part tant aux convictions socialistes plus ou moins raisonnées et à l'influence de quelques apôtres du Parti, qu'aux inimitiés ou amitiés locales, souvent autrement fortes, ou encore à l'aigreur du démobilisé, à l'orgueil du primaire « avancé », à l'ambition déçue. à la misère non soulagée. Mais au total, en bien des endroits, c'est l'apport décidé des voix paysannes qui valut aux socialistes quelques-uns de leurs échecs les plus retentissants; tels qui se sont sauvés du naufrage en sont redevables uniquement à leurs qualités personnelles, au sérieux de leur travail, aux services rendus de bonne grâce. et pas du tout à leurs idées, encore que fortement édulcorées dans leurs programmes de candidats. La France paysanne au 16 novembre dernier, a, dans sa grande masse, refusé ses voix au Socialisme.

Et néanmoins, presque partout le Socialisme a gagné des électeurs dans les campagnes. Le Parti le sait, s'en réjouit et en tire confiance. Si le mal n'est pas profond. il s'étend ; ne risque-t-il pas d'envahir tôt ou tard l'organisme entier (1) ? Ce n'est pas encore le lieu d'examiner par quelle cure de réformes et de mesures positives de tout ordre il appartient aux catholiques, comme à tous ceux qui ont à cœur le bien du pays, de supprimer les causes de la maladie redoutée : cependant. il semble à propos d'observer dès à présent. sur un cas précis, par quels procédés et avec quel succès la doctrine socialiste peut s'insinuer en quelque point faible de notre corps de paysans français, s'y établir, assez bénigne d'abord. plus toxique par degrés. jusqu'à infecter les parties voisines progressivement.

B. Leur activité et leurs succès dans un département. Il s'agit de la Haute-Vienne. Ce département est loin d'être exclusivement agricole ; d'importantes et nombreuses usines (porcelaine et chaussures) sont établies à son chef-lieu et dans plusieurs de ses grosses bourgades. Néanmoins sur une population d'environ 386.000 habitants (en 1911). il compte 180.000 ruraux. occupés pour les deux tiers dans la culture. Un quart des terres cultivées (112.000 hectares sur 470.000) est occupé par de petites propriétés de 1 à 10 hectares ; près d'un tiers par des propriétés moyennes de 10 à 40 hectares (150.000) ; le reste par la propriété de plus de 40 hectares (192.000 hectares). Partout beaucoup de prairies et de bois. Des exploitants-propriétaires font valoir eux-mêmes la moitié des terres cultivées ; l'autre moitié se partage, pour ses deux tiers, entre métayers ; pour son tiers restant, entre fermiers. Donc le régime foncier paraît assez

(1) Depuis le 1er février 1920. le parti publie, sous la direction de M. Compère-Morel, un hebdomadaire pour les campagnes : *La Voix Paysanne*. A fin février, il déclare avoir déjà 3.000 abonnés.

normal, et se rapproche sensiblement du régime moyen français.

Or, actuellement, dans ces campagnes limousines (laissons
de côté Limoges, citadelle socialiste), voici quelle est à peu
près l'emprise du Socialisme. Cinq députés élus sur cinq
sièges à pourvoir, grâce aux masses ouvrières de Limoges
sans doute, grâce également aux électeurs paysans. Sur
81.000 votants (chiffre rond), le Parti socialiste a obtenu une
moyenne d'environ 40.800 voix ; dans ce nombre, à peu près
11.000 proviennent de la section Limoges-ville (contre 7.100
qui y furent donnés à la liste républicaine) (1) ; tout le reste
provient des campagnes. Il n'est pas de commune rurale qui
ne leur ait accordé un nombre respectable de suffrages (2) et
beaucoup la majorité ; 25000 paysans, à les en croire, auraient
voté pour eux (3). Depuis lors, aux élections municipales, ils
ont conquis les mairies de sept chefs-lieux de canton au lieu
d'un seul en 1912 et de toute une série de communes rurales,
en tout cinquante au lieu de dix. Ils auront plus de deux
cents délégués sénatoriaux. Comme le dit *l'Humanité*, c'est
la victoire pour les descendants de Jacquou le croquant.

Pour expliquer ces faits et suggérer des conclusions à
portée générale, nous ne saurions mieux faire que de rap-
porter des observations qu'un ami très bienveillant et très
compétent nous communique au sujet de sa province. Voici,
selon lui, les raisons diverses des succès socialistes en Haute-
Vienne.

1° *Raisons politiques*. — Le paysan a pris l'habitude de
considérer les socialistes de la Haute-Vienne, et en particulier M. Betoulle, comme les vrais ministériels qui permettent
de tout obtenir. L'attitude préfectorale au cours de la dernière consultation n'a pu effacer l'impression de longues pratiques administratives qui ont singulièrement fortifié la
situation politique des socialistes unifiés. Le chef du Parti,

(1) La commune de Limoges a donné aux unifiés une majorité moyenne
de 3.995 voix.

(2) « Pas une seule commune (de Haute-Vienne) où, aux élections
législatives, nous n'ayons eu au moins le quart des voix », *Humanité*,
11 décembre 1919.

(3) Cf. *Humanité*, 1er décembre 1919.

M. Betoulle. est un administrateur excellent, d'une obligeance et d'une aménité parfaites, qui a maintenu l'ordre d'une façon remarquable dans la turbulente Limoges.

2° *Raisons économiques*. — En Limousin, ni grands propriétaires (1) ni fermiers généraux. Le métayage, très en usage, traverse une crise (d'ordre plutôt moral). Les colons tendent à considérer de plus en plus le propriétaire comme l'ennemi. Plus les prix sont élevés. plus il répugne aux colons de partager avec le maître qui ne produit pas. Un profond bouleversement social qui donnerait la terre à celui qui la cultive ne serait pas désagréable à beaucoup de métayers. Beaucoup d'ailleurs sont logés d'une façon lamentable et jettent un regard chargé de convoitises sur la maison du maître, aérée, vaste et occupé seulement durant les vacances.

Le petit propriétaire est souvent resserré par des domaines plus important. Il ne peut s'arrondir et végète. L'idée d'une transformation sociale qui modifierait la répartition actuelle de la propriété ne le désoblige pas (2). Les domestiques et valets de ferme sont généralement touchés par la propagande unifiée.

Cette dernière réussit beaucoup mieux dans les cantons pauvres comme Eymoutiers que dans les cantons riches comme Le Dorat, Aixe. Bellac. où de grosses majorités ont été obtenues par les candidats du Bloc national républicain.

3° *Raisons morales*. — La régression religieuse s'accomplit en Limousin. depuis trente ans, d'une façon effrayante.

(1) L'auteur de ces observations veut dire évidemment par là qu'il n'existe pas en Limousin de grandes propriétés du type soissonnais ou bourbonnais par exemple : grosses exploitations gérées soit directement par le maître ou par un fermier unique, soit par un fermier général qui sert d'intermédiaire responsable et autonome entre le propriétaire et les métayers ou fermiers sous-preneurs. De plus. il est bon de noter que l'assez forte étendue de bon nombre de propriétés s'explique par la médiocre fertilité d'un sol granitique et la prédominance de l'élevage.

(2) Nous pourrions citer à l'appui. pour notre compte, tel simple cultivateur d'un canton voisin de la Haute-Vienne. propagandiste volontaire et très ardent, qui, dans sa propagande de ferme en ferme, d'auberge en auberge, insiste beaucoup sur le partage des grandes propriétés. Toute propriété d'une valeur supérieure à 40.000 francs doit être partagée entre les métayers ou les fermiers. Ce casuiste rural. qui propose à sa façon, très au concret, la grande thèse socialiste, serait-il désavoué ou soutenu par les doctrinaires du Parti ? Qu'importe ? L'argument produit son effet.

La propagande socialiste est conduite avec une grande activité. *Le Petit Limousin*, hebdomadaire unifié, est très répandu.
Les conférences se multiplient. L'action individuelle des
élus est considérable. Contre ce prosélytisme, le groupe des
« Démocrates du Centre » s'était efforcé d'opposer une action
qui commençait à être assez efficace, il y dix ans ; mais un
conservatisme mal compris, la guerre ensuite, l'ont à peu
près annihilée. Les partis de l'ordre ne s'occupent guère de
propagande qu'à la veille des élections et n'ont aucune organisation permanente (1).

Ces divers motifs expliquent que cinq citadins n'ayant
pas fait la guerre aient obtenu tant de voix dans les campagnes limousines. Les abstentions ont été assez nombreuses (2). Des paysans que le bolchevisme tourmentait n'ont
pas voté pour la liste Betoulle, mais n'ont tout de même pas
voulu mêler leur vote à celui du châtelain et du curé en
faveur d'une liste de bourgeois. Les démobilisés ont traduit en

(1) Comparer les passages suivants, de *l'Humanité* d'abord (11 décembre 1919) : « Donnez-nous au moins le secret (de votre victoire). —
Notre secret ? (C'est Pressemane qui parle.) Il tient dans ce seul mot :
Organisation. Au lendemain de l'armistice, nous avons commencé à réorganiser la Fédération, qui devint rapidement plus forte qu'avant la
guerre. (Elle a actuellement 2.600 membres inscrits, dont 1.800 paysans.)
Et ne croyez pas que l'effort soit toujours parti de la tête; l'élan donné,
les groupes se reconstituèrent un à un, de nouvelles sections virent le
jour. Le premier résultat fut l'accroissement sensible du tirage de nos
deux journaux : *le Populaire du Centre* et *le Petit Limousin*, ce dernier
plus spécialement rédigé pour les milieux ruraux. Nous avons fait porter notre action sur la totalité du département...; nous n'allons pas nous
endormir, sur nos lauriers. »

Autre passage, du *Courrier du Centre*, journal républicain progressiste
de Limoges, sur le même sujet : « ...On s'étonne (de ces succès socialistes), mais on ne fait rien pour ouvrir les yeux au paysan, à l'artisan
abusé. A côté des organisations socialistes qui continuent leur propagande, le néant. Et c'est seulement à la veille des élections qu'on voit
s'affirmer des zèles, affligés de paralysie le reste du temps. Seuls les
malheureux journalistes rompent des lances...; mais ils font l'effet d'isolés
criant en pure perte dans un immense désert... » Et de *l'Humanité* encore
(9 janvier 1920) « ... La leçon (du scrutin du 16 nov.) est claire : la besogne
qui incombe au Parti est une besogne méthodique d'éducation et d'organisation socialistes. »

(2) Sur 111.638 inscrits, il y a eu 31.000 abstentions, chiffre rond, et
11.000 bulletins blancs ou nuls, sur les 80.900 qui furent déposés dans les
urnes.

grand nombre leur ressentiment contre certains abus de l'autorité militaire en votant pour les socialistes.

A ces observations il est inutile, croyons-nous, d'ajouter pour le moment quoi que ce soit ; tout l'essentiel y est ; d'innombrables exemples, à prendre un peu dans toutes les régions, aideraient seulement à mieux en saisir la justesse. Que le paysan soit plus crédule en Limousin, moins apte qu'ailleurs à se défendre — comme quelques-uns le prétendent — c'est possible. Mais les faits sont là qui parlent : Vérité en Limousin, vérité aussi au-delà.

Toutefois pour apporter un juste et même nécessaire correctif à ce que peuvent avoir de trop pessimiste et d'aventuré les conclusions d'un cas unique ; surtout pour mieux pressentir le remède ou préventif ou curatif, nous citerons par comparaison, en contre-partie, quelques observations concernant la Vendée.

Ce département à peu près exclusivement agricole est cultivé en bonne partie par des fermiers sur petites et moyennes exploitations. La liste socialiste n'y a obtenu qu'une moyenne de 2.990 voix contre 47.550 à la liste d'Union nationale (catholique) et 40.420 à la liste d'Union républicaine (radicale). Ces 2.990 voix se répartissent sur les 300 communes du département, sans qu'on remarque une région où la moyenne soit plus forte. Chacun des 30 cantons accuse environ une centaine des voix socialistes. Chiffre infime, comme le note le témoin averti qui nous communique ces observations. De plus, fait-il remarquer, ces électeurs socialistes sont des ouvriers ou petits artisans, surtout des employés de chemin de fer, pour la plupart étrangers au pays. En somme, les cultivateurs : journaliers, domestiques de ferme, fermiers, métayers, propriétaires n'ont peut-être pas donné, en tout, deux cent voix *paysannes* aux candidats socialistes. Et il présente de ce fait une première raison : les socialistes ne sont pas organisés et ne font aucune propagande dans le département parmi les paysans. Autre raison, aussi consolante qu'instructive : le paysan de Vendée, le Vendéen en général paraît très réfractaire au Socialisme, ce qui ne l'empêche pas d'être très ouvert aux questions sociales et très partisan des œuvres sociales (syndicats agricoles, mutualités, etc.), comme le démontrent l'importance, l'influence, le succès du *Secrétariat social de Vendée*.

C. Les effectifs syndicalistes révolutionnaires — Reste le *Syndicalisme végétiste terrien*. Combien chétif jusqu'à présent auprès du Parti socialiste ! Il n'a pas, à cette heure, pris racine dans les campagnes françaises, et il semble bien qu'il n'y sera jamais qu'un arbuste plutôt malingre, mal à l'aise dans l'air pur et ensoleillé des champs, loin du brouillard et des fumées des villes industrielles.

Du moins tel il fut jusqu'en 1914 et tel il est pour le moment. Rejeton sorti de terre, vers 1890, sur les racines et tout à côté du vieux tronc socialiste, nourri de sa sève au début, mais tendant déjà à vivre de sa vie propre, il disparaissait presque inaperçu sous l'ombre puissante qui le recouvrait. A la veille de la guerre, les syndicats d'ouvriers terriens, qui se refusaient progressivement aux influences politiques du Parti socialiste pour s'inspirer de l'esprit de la C. G. T. et se régler sur ses tendances, étaient groupés en quatre Fédérations distinctes : ni le nom, ni le nombre ne doit faire illusion sur leur force réelle d'alors, pas plus que l'agitation parfois violente (troubles de Narbonne par exemple en 1905 ; désordres de la Champagne, etc.), dont ils furent le centre moteur.

Sans entrer dans les détails de leur histoire, voici simplement quels étaient en 1914 leurs effectifs.

1° La *Fédération des agricoles du Midi*, dont le siège est à Vias (Aude), assemblait presque exclusivement des ouvriers vignerons, journaliers et petits propriétaires. Constituée en 1903 par l'union des Fédérations départementales des Pyrénées-Orientales, de l'Hérault, de l'Aude, du Gard et de la région d'Arles, elle compta, dans le tout premier et méridional enthousiasme des débuts, jusqu'à 150 syndicats et 15.000 membres, pour tomber successivement à 4.000 (en 1906), 5.000 (en 1911), 3.000 (en 1914).

2° La *Fédération des bûcherons du Centre* (siège à la Cha-

pelle-Hugon. Cher) naquit en 1897, de l'union d'un certain
nombre de syndicats du Cher. de la Nièvre. de l'Yonne, res-
capés de cinq à six années d'une vie cahotée et inégale. Les
40.000 syndiqués de 1908-1910. groupés en 150 syndicats,
n'étaient plus au 1er août 1914 que 4.000.

3° Le *Syndicat des Vignerons de la Marne* (siège à Ven-
theuil. Marne) adhéra à la C. G. T. le 1er janvier 1911. Le
1er août de la même année. il groupait environ 1.500 adhérents. la plupart petits propriétaires et non simples salariés,
au moins d'apparence : car ce qui caractérise le vignoble
champenois, c'est, avec l'extrême morcellement du terrain
(sur 17.739 propriétaires possédant 15.538 hectares. on en
compte 14.430 possédant moins d'un hectare). la dépendance
économique à peu près totale où sont les petits propriétaires
des gros commerçants. faute d'avances et en suite de la produc-
tivité très variable des récoltes.

4° La *Fédération horticole et agricole de France* (siège à la
Bourse du Travail de Paris) groupe les ouvriers maraîchers,
jardiniers. horticulteurs de la Seine. Seine-et-Marne et Seine-
et-Oise. Au 1er août 1914. elle n'avait guère que 350 cotisants.

A ces quatre Fédérations. on pourrait ajouter encore,
comme groupements de même esprit : la *Fédération des syndicats de fermiers. métayers. résiniers des Landes.* fondée en
1906 (1.600 membres environ) : l'*Union syndicale des ouvriers
feuillardiers du Centre* (de 1906 : siège à Saint-Yrieix : 1.500
membres environ) ; les *Syndicats des cultivateurs de l'Allier.*
Ces derniers paraissent en sommeil.

A toute ces organisations. la guerre porta un rude coup.
Tandis que les syndicats d'industrie grossissaient formida-
blement, — il a été avoué ouvertement que l'amour du sursis
bien payé à l'usine avait été le meilleur des sergents recru-
teurs pour les syndicats cégétistes d'industrie — les orga-
nisations-sœurs terriennes fondaient de mois en mois, comme
fondaient au front les formations où les terriens tenaient si
large place. En tout cas. pour les fédérations ci-dessus énumérées, le Congrès des Travailleurs de la terre, convoqué à
Lyon les 13 et 14 septembre 1919 pour faire l'unité terrienne,
n'ose donner. que nous sachions, aucun chiffre, ni global, ni

détaillé. d'effectifs à cette date. D'après le journal *le Temps*, qui n'indique aucune référence (22 septembre 1919), les syndiqués terriens n'auraient été alors et en tout que 500 à 600 à peine, chiffre qui étonne un peu par sa modicité.

D. **Reprise de leur activité.
Nouvelle organisation.** Il est certain que cette pénurie de syndiqués terriens, mise en un choquant relief par la colossale organisation des ouvriers d'industrie, avec, au cœur de ces derniers, la conscience aiguë d'un besoin absolu de la collaboration paysanne à l'œuvre du bouleversement social, fut la vraie raison du Congrès de Lyon. Depuis dix ans au moins, dans les milieux syndicalistes d'inspiration cégétiste, on parlait d'unité terrienne : il était temps, plus que jamais, de la réaliser. Et ce fut fait non sans peine. L'appel et le programme qui ont été examinés plus haut sont sortis de là. La *Fédération nationale des Travailleurs de l'Agriculture*, c'est le titre de l'organisme unificateur, a désormais pour devoir de diriger, de vivifier le mouvement syndicaliste révolutionnaire à travers les campagnes de France.

Son action paraît déjà se faire sentir. De novembre dernier à janvier 1920, 27 syndicats nouveaux auraient adhéré à la Fédération ; celle-ci en grouperait en ce moment près de 200. Le Bas-Adour seul compte une dizaine de ces syndicats, tout récents, composés de seuls métayers ; leurs réclamations, s'ils parviennent à les imposer, modifieront profondément les conditions actuellement en usage du contrat de métayage ; la vigueur et le ton avec lesquels ils présentent ces réclamations, l'agitation qu'ils entretiennent témoignent de leur volonté d'aboutir. Les Landes ont une douzaine de syndicats d'ouvriers résiniers qui paraissent assez vivants. Ils ont tenu un Congrès local, en décembre dernier avec les syndicats de métayers voisins. Un Congrès fédéral est annoncé pour avril prochain à Limoges. Il est chargé d'établir un programme complet d'action syndicaliste agraire. On est donc là à l'origine d'un mouvement sérieux et dont il serait imprudent et mal avisé de ne pas tenir compte.

En finissant, il sera utile, à propos de ce Congrès terrien de

Lyon, de souligner l'attitude des syndicats cégétistes à l'égard des syndicats agricoles ordinaires, si répandus en France, si dignes d'intérêt et d'appui. Le rapport officiel préparatoire au Congrès marque à la fois de la mauvaise humeur, de l'étonnement, de la crainte. Songez donc, les syndicats agricoles ont réussi ; ils sont forts ; ils sont florissants. Même ils groupent des propriétaires et des ouvriers agricoles. Cela est contraire à tous les principes. Écartons ces syndicats qui « n'ont aucune puissance corporative », où les travailleurs de la terre, les salariés, « ne peuvent défendre leurs droits » à cause « des intérêts si divers », c'est-à-dire opposés, de leurs adhérents. Faisons pour le « prolétariat exploité » des syndicats où il ait sa légitime place [1].

Le Congrès de Lyon ne se piqua point d'une si farouche orthodoxie ; il admit les syndicats du type réprouvé : salariés et petits propriétaires, mais petits propriétaires seulement, sont invités à fraterniser sous le regard bienveillant de la C. G. T.

Le vote ne fut pas enlevé sans discussion. Contre cette assimilation arbitraire du petit propriétaire et du salarié, contre ce mélange illicite, directement opposé aux statuts mêmes de la C. G. T., certains tenants des vrais principes firent valoir leurs objections [2]. Dix ans plus tôt, on l'a vu, à Saint-Etienne, entre socialistes, à peu près le même problème s'était posé ; il avait été l'occasion de discours éloquents, passionnés parfois, où les grands orateurs du Parti avaient lutté à coups d'idées et voilé d'éloquence les accommodations de principes qu'allaient imposer les nécessités d'un recrutement élargi. A Lyon, on fut plus terre à terre ; au fond, tout se borna à répéter ceci : nous avons un besoin absolu des petits possédants pour nos syndicats ; donc admettons-les, mais avec prudence.

C'était comme à Saint-Etienne le même sens pratique qui

(1) Rapport sur l'organisation terrienne, l'*Information ouvrière et sociale*. 1er juin 1919.

(2) Un de ceux-là, M. Alph. Hodée, les résumait ainsi deux mois après, sous une forme un peu abstraite : Je suis de ceux qui croient que notre syndicalisme « lutte de classe » ne saurait satisfaire sans abdication au programme des éléments que nous allons essayer de recruter (les petits propriétaires). A quoi tend notre action et notre idéal, si ce n'est à substituer à la propriété individuelle, la propriété collective...? » *Revue du Travail*, 1er nov. 1919).

parlait, mais dépouillé de tout artifice oratoire ; le même opportunisme faisant fléchir, ou si l'on aime mieux, rectifiant les principes dans le sens des besoins.

Conclusion Et voici maintenant que la *Fédération nationale des Travailleurs de l'Agriculture*, corps d'armée nouveau de l'énorme Confédération générale du Travail, s'est mise à sa tâche d'organisation révolutionnaire du prolétariat paysan ; un avenir peut-être prochain nous dira. on est en droit de l'espérer, ses échecs et ses désillusions plus que ses succès. En face d'elle, et rivalisant avec elle d'énergie et de persévérance, le syndicalisme agricole ou vrai syndicalisme professionnel, ennemi de la lutte des classes, se doit de reprendre sa tâche interrompue par la guerre. D'esprit catholique le plus souvent, il a devant lui un avenir magnifique. S'il sait par des adaptations faciles donner satisfaction aux besoins divers de toutes les catégories agricoles, aux salariés comme aux propriétaires. il réalisera pour le plus grand bien du pays la véritable unité terrienne dans la justice. l'ordre et la paix.

Resterait à étudier dans le détail comment il peut mener à bien cette tâche nécessaire ; ce sera l'objet d'un travail ultérieur. Pour le moment indiquons simplement en quelques mots ce qui, dans la multiplicité des réformes et améliorations proposées, d'urgence et de valeur très inégales, nous paraît devoir orienter et régler son action : l'accession du petit paysan non-propriétaire à la propriété familiale indépendante. Sera donc soutenu tout mouvement d'opinion. toute initiative, sera utilisée toute mesure légale, par exemple de crédit, d'assurance, de construction d'immeubles etc., visant à faciliter au non-propriétaire paysan l'acquisition de la maison, du matériel, des terres qui lui suffiront pour abriter. occuper et entretenir sa famille.

Louis BARDE.

APPENDICE

*Extrait du Manifeste du Parti socialiste aux travailleurs de la terre
(31 mai 1919)*

LE PROGRAMME AGRAIRE

Rénovation agricole. — Décupler le budget dérisoire du ministère de l'Agriculture pour lui permettre d'apporter une collaboration morale et matérielle effective aux producteurs :

Développer les comités agricoles qui permettront aux cultivateurs de défendre directement leurs intérêts devant les pouvoirs publics :

Entreprendre, dans les grands travaux imposés par la guerre, un vaste plan d'amélioration tenant compte des nécessités de la production agricole voies de communication, drainage de terres marécageuses, irrigation des sols secs, exploitation des forces hydrauliques, reboisement, etc, etc. :

Vote d'une loi efficace sur le remembrement pour remédier au morcellement extrême du sol :

Etablissement d'un enseignement agricole populaire et pratique pour vulgariser les meilleurs systèmes de culture suivant les régions.

Méthodes nouvelles. — Création et extension des coopératives agricoles destinées à donner à la petite propriété les avantages dont jouit la grande et à préparer l'exploitation par les travailleurs eux-mêmes des grands domaines:

Développement de la motoculture, et mise à la disposition des petits exploitants des appareils de culture mécanique ;

Amélioration des transports et abaissement des tarifs pour les denrées agricoles et les produits nécessaires à la culture.

En faveur des salariés. — Développement des syndicats ouvriers;

Application aux travailleurs des campagnes de toutes les lois ouvrières et de prévoyance sociale, notamment des huit heures et du repos hebdomadaire, tout en tenant compte des travaux saisonniers auxquels on fera face par des heures supplémentaires et des dérogations au repos hebdomadaire qu'il appartiendra aux syndicats patronaux et ouvriers de fixer ;

Protection de l'enfance :

Amélioration des conditions d'hygiène :

Extension au travail terrien de la juridiction prud'homale.

En faveur des exploitants. — Révision par des commissions arbitrales du taux des fermages, qui ne doit pas être supérieur à la rente foncière normale, et remboursement de la plus-value que les métayers et les fermiers ont donnée aux exploitations agricoles:

Restriction du droit de saisie des propriétaires :

Réforme du métayage et suppression des servitudes coloniques.

Mesures fiscales. — Abolition des impôts indirects et institution d'un impôt global sur les revenus ;

Suppression des droits de mutation au-dessous d'un maximum;

Révision du cadastre ;

Interdiction d'aliéner les biens communaux et extension de la propriété communale;

Liberté de la chasse et de la pêche.

TABLE DES MATIÈRES

Verneuil-sur-Avre (Eure). — Imprimerie Henri TURGIS.

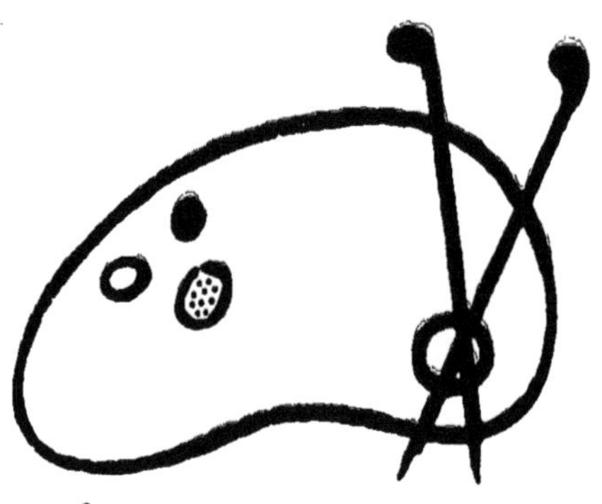

Original en couleur

NF Z 43-120-8

AVIS IMPORTANT

Les « Dossiers » ont repris, avec leur premier numéro, la publication des

PLANS pour CERCLES D'ÉTUDES

continuant la série si universellement appréciée d'avant-guerre.

Comme par le passé, les Directeurs de C. E. y trouveront appliquée la méthode consacrée par l'expérience, méthode éducatrice où leur part est faite très large au document et aux suggestions, aux faits et aux intuitions.

Parce qu'un *Plan* doit être un moyen de formation. notre programme embrasse toutes les matières inscrites au Programme rationnel des C. E. (« Dossier : 08, Cer. d'Et. »)

1. Questions *religieuses*. 3. Questions *économiques*.
2. Questions *sociales*. 4. Questions d'ordre *professionnel*.
5. Questions d'ordre *civique*.

Cinq séries qui se subdivisent elles-mêmes et seront numérotées de la manière suivante :

Série religieuse : Apologétique, Dogme, Morale.	Nᵒˢ 1 à 200
Histoire de l'Eglise	201 à 300
Série sociale : Doctrine et action.	301 à 500
Histoire sociale	501 à 600
Série économique : Economie politique. . . .	601 à 700
Serie professionnelle : Agriculture, industrie, commerce. — Technique.	701 à 800
Série civique : Institutions. Principes	801 à 900
Grandes institutions. Grandes « journées » de la France	901 à 1000

Les *Plans* antérieurement parus. et non épuisés, viendront s'insérer dans ces nouvelles séries.

PRIX DE VENTE :

Ancienne série : Plans marqués d'une ᵒ : le Nᵒ 0 fr. 10.

Nouvelle série : Le Nᵒ de 4 pages : unité, 0 fr. 10 ; 50 ex., 4 fr:: 100 ex., 7 fr.

»   »   Le Nᵒ de 8 pages : unité, 0 fr. 15 : 50 ex., 7 fr.: 100 ex.. 13 fr.

BIBLIOTHÈQUE
NATIONALE

CHÂTEAU
de
SABLÉ
1984

www.ingramcontent.com/pod-product-compliance
Ingram Content Group UK Ltd.
Pitfield, Milton Keynes, MK11 3LW, UK
UKHW021627090726
13657UKWH00004B/1510